翡翠商贸实务

余平 编著

FEICUI
SHANGMAO
SHIWU

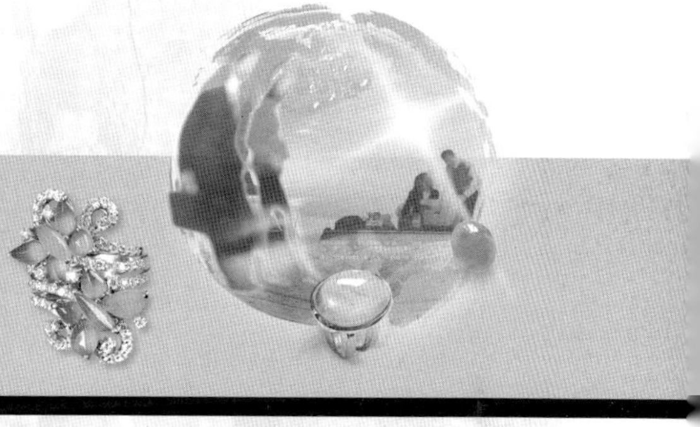

参编学校

金陵科技学院
上海建桥学院
石家庄经济学院
深圳技师学院
武汉财贸学校
云南国土资源职业学院
河南省广播电视大学
揭阳职业技术学院
江门职业技术学院

中国地质大学出版社

内 容 简 介

《翡翠商贸实务》是在《翡翠及商贸知识》一书的基础上，根据港台和内地众多翡翠名家对翡翠商贸研究的心得及成功经验，从市场、资源、鉴评、文化、工艺、加工和商贸实战多角度对从事翡翠商贸或翡翠收藏投资所必需的基础知识和商贸实务进行了深入浅出的叙述，注重内容的趣味性、知识性和实用性，以满足高职高专珠宝类专业学生和进行翡翠收藏和投资者的实际需要。

为使本书内容更加生动、直观，书中配有大量的图表，作为文字内容的说明和补充，并且附录了翡翠格言、常见翡翠创作题材，使得内容更为翔实，更便于同行的交流。

图书在版编目(CIP)数据

翡翠商贸实务/余平编著.—武汉：中国地质大学出版社，2008.5（2011.7重印）

ISBN 978-7-5625-2249-2

Ⅰ.翡…
Ⅱ.余…
Ⅲ.玉石-贸易实务-高等学校：技术学校-教材
Ⅳ.F724.78.7

中国版本图书馆 CIP 数据核字(2008)第 053285 号

翡翠商贸实务　　余　平　编著

责任编辑:张　琰　　责任校对:张咏梅

出版发行:中国地质大学出版社(武汉市洪山区鲁磨路388号)　　邮政编码:430074
电话:(027)67883511　传真:67883580　　E-mail:cbb@cug.edu.cn
经　销:全国新华书店　　http://www.cugp.cn

开本:787毫米×960毫米 1/16　　字数:220千字　印张:10.5
版次:2009年1月第1版　　印次:2011年7月第2次印刷
印刷:武汉中远印务有限公司　　印数:3 001—6 000册

ISBN 978-7-5625-2249-2　　定价:45.00元

21 世纪高等教育珠宝首饰类专业规划教材

编　委　会

薛秦芳　中国地质大学(武汉)珠宝学院职教中心主任、教授
杨明星　中国地质大学(武汉)珠宝学院院长、教授
张桂春　揭阳职业技术学院机电系(宝玉石鉴定与加工技术教研室)系主任
张晓晖　北京市商业学校商贸系主任、副教授
张义耀　上海新侨职业技术学院珠宝系主任、副教授
章跟宁　江门职业技术学院艺术设计系系副主任、高级工程师
赵建刚　安徽工业经济职业技术学院党委副书记、教授
周　燕　武汉市财贸学校宝玉石鉴定与营销教研室主任

特约编辑：

刘道荣　中钢集团天津地质研究院有限公司副院长、教授级高工
　　　　天津市宝玉石研究所所长
　　　　天津石头城有限公司总经理
王　蓓　浙江省地质矿产研究所教授级高工
　　　　浙江省浙江珠宝有限公司总经理

策　　划：

梁　志　中国地质大学出版社社长
张晓红　中国地质大学出版社副总编
张　琰　中国地质大学出版社教育出版中心副主任

改版说明

——记庐山全国珠宝类专业教材建设研讨会之共识

中国地质大学出版社组织编写和出版的"高职高专教育珠宝类专业系列教材"从2007年9月面世至今已经过去三年。为了全面了解这套教材在各校的使用情况及意见，系统总结编写、出版、发行成果及存在问题，准确把握我国珠宝教育教学改革的新思路、新动态、新成果，中国地质大学出版社在深入各校调研的基础上，发起了召开"全国珠宝类专业课程建设研讨会"的倡议，得到各校专家的广泛响应。2010年8月10日～13日，来自全国27所大中专院校的48位珠宝教育界专家汇聚江西庐山，交流我国珠宝教育成果，研讨课程设置方案，并就第一版教材存在的问题、新版教材的编写方案等达成以下共识。

一、第一版教材存在的问题及建议

按照2005、2006年商定的编写和出版计划，"高职高专教育珠宝类专业系列教材"共组织了十多所院校的专家参加编写，计划出版20本，实际出版12本，从而结束了高职高专层次珠宝类专业没有自己的成套教材的历史。在编写、出版、发行过程中存在的主要问题是：

(1)整套教材在结构上明显失衡，偏重宝玉石加工与鉴定，首饰设计、制作工艺、营销和管理方面的教材比重过小。已经出版的12本教材中，属于宝石学基础、宝玉石鉴定方面占2/3，而属于设计、制作工艺、管理及营销方面的只占1/3，不能满足当前珠宝首饰类专业人才培养的需要。造成这种状况的一个重要原因是，编委会所组织的参编学校中，结晶学、矿物学、岩石学基础普遍较好，宝石加工、鉴定力量较强，而作为首饰设计、制作工艺基础的艺术学基础和作为经营管理基础的管理学相对薄弱。因此建议在改版时加强薄弱环节，并补充急需的教材选题。

(2)编写计划在各校实施不平衡，金陵科技学院、安徽工业经济职业学院、上海新侨学院、上海建桥学院等院校较好地完成了预定编写计划。但有些学校由于各种原因，计划实施得并不顺利，有些学校甚至一本都没有完成。造成有些用量很大而极其重要的教材至今仍然没有出来，影响了正常的教学需要。因此建议改版时将这些选题作为重点重新配备编写力量，以保证按时出版。

(3)或多或少都存在着内容重复或缺失现象。调查发现，有的内容多本教材涉及，但又都没交代清楚，感觉不够用；而有的重要内容，相关教材都未涉及。造成这种状况的一个重要原因是，主编单位由编委会指定，既没有发动各校一起讨论编写大纲，也没有组织编委会审稿，主要由主编依据本校教学要求编写定稿，无法充分考虑其他学校的基本要求和吸收各校的教学成果。因此建议加强各校之间的交流，改版时主编单位拟好编写大纲后要广泛征求使用单位的意见，编委会要对大纲和初稿审查把关，以确保编写质量。

二、新版教材的编写方案

(1)丛书名称改为“21世纪高等教育珠宝首饰类专业规划教材”，以适应服务目标的变化。第一版的目标定位是以满足高职高专教育珠宝类专业教学需要为主，兼顾中职中专珠宝教育及珠宝岗位培训需要。当时根据高职高专教育主要培养高技能人才的目标要求，提出了五项基本要求：以综合素质教育为基础，以技能培养为本位；以社会需求为基本依据，以就业需求为导向；以各领域“三基”为基础，充分反映珠宝首饰领域的新理念、新知识、新技术、新工艺、新方法；以学历教育为基础，充分考虑职业资格考试、职业技能考试的需要；以“够用、管用、会用”为目标，努力优化、精炼教材内容。

这几年，珠宝教育有了比较大的变化，社会对珠宝人才的需求也有变化，其中上海建桥学院、南京金陵学院、梧州学院等院校已经升为本科，原来的目标定位和编写要求已经不合适。为此，编委会经过认真研究，决定将丛书名改为“21世纪高等教育珠宝首饰类专业规划教材”，以适应培养珠宝首饰行业各类应用人才的需要，同时兼顾中职中专及岗位培训的需要。在内容安排上，要反映珠宝行业的新发展和珠宝市场的实际需求，要反映新的国家标准，要突出实际操作和应用能力培养的需求。

（2）调整和充实编委会，明确编委会职责，增强编委会的代表性和权威性。与会代表建议，在原有编委会组成人员的基础上，广泛吸收本科院校、企业界的专家参与，进一步充实编委会，增强其权威性。在运作上，可以分成两个工作组，一个主要面向研究型人才培养的，一个主要面向应用型人才培养的。编委会是主要职责是：①拟定编写和出版计划、规范、标准等，为编写和出版提供依据；②确定主编和参编单位，审定编写大纲，落实编写和出版计划；③审查作者提交的稿件，把好业务质量关；④监督教材编辑出版进程，指导、协调解决编辑出版过程中的业务问题。

（3）按照分批实施、逐步推进的思路确定新的编写计划。编委会计划用三年时间构建一个“21世纪高等教育珠宝首饰类专业规划教材”体系，整个体系由基础、鉴定、设计、加工、制作、经营管理、鉴赏等模块组成，每个模块编写3～6门主干课程的教材，共计编写、出版教材32种。与原来的体系相比，新体系着重加强了制作（8种）、设计（4种）、经营管理（4种）等模块的分量，并增列了文化与鉴赏方面的教材。会上，按照整合各校优势、兼顾各校参编积极性的原则，建议每种教材由1～2所学校主编，其他学校参编；基础好的学校每校可以主编2～3种教材，参编若干种。

编写出版的进度安排：2010年底前完成编写大纲的修订、定稿工作，确定每个年度的编写和出版计划，修编出版珠宝英语口语等选题；2011年秋季参编宝石学基础、贵金属材料及首饰检验、首饰设计与构思、翡翠宝石学基础、首饰制作工艺、珠宝首饰营销基础、首饰评估实用教程、钻石及钻石分级、宝石鉴定仪器与鉴定方法等;其他品种2011年着手编写/修编,争取2012年秋季出版。

三、固化会议形式,建立固定交流平台

与会专家认为,随着珠宝行业的快速发展,我国珠宝教育有了长足的进步,开办珠宝首饰类专业的学校也越来越多,但是由于业界没有一个共同的交流平台,相互之间缺乏沟通,无法相互取长补短,共同提高。这次中国地质大学出版社牵头,把相关学校召集在一起交流经验,探讨专业建设和教材建设大计,为我们搭建了很好的平台,意义非凡而深远,为珠宝教育界做了一件大好事,由衷地感谢中国地质大学出版社,同时也希望中国地质大学整合珠宝学院和出版社的力量,牵头建立全国性的珠宝教育研究组织,作为全国珠宝教育界联系和交流的平台,每1～2年召开一次会议,承办单位和地点,可以采取轮流坐庄的办法,由会员单位提出申请,理事会确定。

《21世纪高等教育珠宝首饰类专业规划教材》编委会

2010年7月6日于武汉

编者的话

涉足翡翠行当，已有20多年了。当时国内没有像样的翡翠教材，翡翠的专著也寥寥无几。一本《翡翠商贸知识》，前后重印多次，累计发行了数万册。而今天，读者有了更多的选择。在零零总总的珠宝书籍中，关于翡翠的专著已有不少，仅本书编撰过程中参考的翡翠专著，就有近20本。笔者浏览了大量包括网上发表的文章在内的翡翠资料，深感受益匪浅。但同时也感到，现在有些翡翠的著作，不是太过专业(偏重宝石矿物学的理论探讨)，就是知识性、趣味性、系统性不够，不太适合用作高职高专的教材或投资的实用指南。因而，试图从市场、商贸、文化、艺术和工艺、鉴赏评估等方面对翡翠知识作一些系统的整理。以满足大、中专层次珠宝专业学生和对珠宝特别是翡翠收藏投资有兴趣的其他读者的需要。

在本书的编撰过程中，得到了行内珠宝名家和上海新侨职业技术学院领导和同仁的大力支持，如摩太先生和张义耀老师提供了宝贵的资料和意见，在此谨表诚挚的谢意。

前不久摩太先生发表了他的翡翠经典著作《摩太识翠》，拜读摩太先生近作后，感到本书的一些编撰思路正好与《摩太识翠》不谋而合。两书同样都采用了部分摩太先生当年在笔者编写《翡翠商贸知识》时为该书提供的内容，特别是关于商贸实战的阐述。在《摩太识翠》一书中，摩太先生对本书的上述主题也有精彩描述，读者如果能够将这两部书配合起来使用，或者教师在授课时将之用作教学参考书，效果一定会更好。

此外，本书还参考了其他同行发表的著作和论文并使用了网上发表的部分图片(详见书后所附的参考文献)，在此一并致谢！

余 平

2008年2月16日

目　　录

第一章　开宗明义

翡翠(Jadeite Jade)是我国及亚洲其他一些国家,特别是东南亚地区珠宝市场的主要珠宝商品之一,而且翡翠的市场有向世界其他地区迅速发展的趋势。翡翠的稀有性强、硬度较高、质地细腻、种分通透、颜色鲜艳,故被称为“玉中之王”(图1-1)。

中国人自古以来对玉就有着传统的爱好,用玉历史悠久,市场上常见的玉还有很多,如岫岩玉、独山玉、澳洲玉、东陵玉等等,但主流品种不外乎软玉和翡翠,而翡翠的价格又远在软玉之上,因而翡翠商贸是珠宝营销的重要组成部分,是珠宝市场开拓的重要方向之一。

图1-1　翠绿欲滴的翡翠

近年来，翡翠的价格年年都在大幅度地上涨，高档翡翠的增值速度更是惊人，价格几乎每年都在翻番，而这种趋势至今仍未发生变化，从而吸引了不少人从其他行业转而投资翡翠。翡翠之所以能够作为一种新的投资理财品种受到人们的关注，与翡翠这种商品的特殊性不无关系。翡翠作为一种贵重珠宝，具有美丽、稀有、耐久等一切珠宝的基本特征，高档翡翠产地的惟一性和需求量的增加决定了翡翠价格的持续上涨，因而投资价值丝毫不亚于钻石。过去中国人选择投资理财品种时，在珠宝方面首选的是黄金，然而，黄金有涨跌，高档翡翠却始终看涨，而且高档翡翠每克拉的价值大大超过了黄金，因而可以将翡翠看成是一种比黄金更为浓缩的财富形式，具有很好的可携带性，必要时可以通过拍卖、典当或银行抵押贷款等多种形式兑现。当然，要投资翡翠珠宝，有一定的操作难度，需要更多的专业知识，但是，只要眼光独到，投资准确，未来的增值空间和投资回报率将会更大。甚至在对翡翠毛料进行设计加工时，做到废料不废，化“腐朽”为神奇，通过巧妙的构思设计，大大增加产品的附加值，得到意想不到的投资回报。

本书探讨的是翡翠的商贸和投资实务，通过本书读者可以掌握翡翠宝石学基础知识，识别翡翠的真伪，并且掌握翡翠价值评估的基本原则。此外，欲掌握翡翠商贸的精髓，还要了解翡翠的历史和文化，翡翠的美学价值和人文精神，不同人群对翡翠的喜好、顾客的消费心理以及市场需求的变化，通过翡翠的加工和艺术设计挖掘翡翠内在美学价值，以及了解从翡翠的原石开采、毛料交易到成品买卖的整个过程、把握各级市场行情等等。因此，“翡翠商贸实务”所要研究的是翡翠的商业宝石学和翡翠营销的理论和实践，对翡翠商贸具有重要指导意义。同时本书将总结翡翠商贸的历史、发展现状和未来趋势以及前人的宝贵经验，促进翡翠商贸的发展。

对翡翠宝石学的认识，将从商业需要出发，学习翡翠资源产出的概况和地质学的基本特征；翡翠的基本物理、化学和矿物学特征；翡翠的重要鉴别特征；硬玉与翡翠的本质区别；毛料的基本特征（肉、雾、皮、癣、松花等关于毛料的基本概念）；毛料质量好坏的基本评判；翡翠的种、色的分类；翡翠与赝品的区分；翡翠的色彩宝石学等等。这些知识构成了翡翠商贸所要掌握的关键技术，是翡翠商贸成败的基础。没有以上的基本知识作保障，必然凶多吉少，在翡翠商贸中一败涂地。

关于翡翠的价值评估，可以有一个基本的估价原则，但翡翠作为一种多种矿物的集合体，质地、颜色千变万化，在自然界很难找到两块完全一致的翡翠，如再加上人文的因素，它的估价远比钻石要困难得多。因此，本书根据众多专家的意见，仅对翡翠的估价提出一些原则性的意见，供同行在商贸实务中做参考。

翡翠的应用始于何时,至今行内还有争议,但翡翠的大量应用始于明、清,却是不争的事实,本书基于求实和以史为鉴的精神,将对明、清以来的翡翠商贸历史予以更多的关注。

翡翠本非玉名,在远古时代,翡翠指的是一种彩羽鸟,如图1-2所示,翡为红羽鸟,翠为翠羽鸟,合称"翡翠",而到了现代,由于翡翠玉的大量应用,翡翠则成了玉的专有名词,而在颜色上,人们更多的是将翡翠与绿色联系到了一起。

图1-2 翡翠鸟

中国人自古以来对绿色就有一种偏爱,绿色在中国人的心目中代表了生命、青春、活力和希望。早年,买卖翡翠,主要是围绕着绿色进行。随着翡翠的日益深入人心和越来越稀少,花牌料、砖料也开始流通,甚至现在有种无色的翡翠都已进入高档翡翠的行列。各种颜色的翡翠都已得到了开发利用,如何更好地利用这些原料,使这些原料物有所值,物超所值,也就成了翡翠商贸所要关心的重要问题。对这些翡翠价值的深度开发,不仅要有宝石学知识作基础,更需要的是文化、艺术的底蕴,要有很好的美学功底,要有创新的理念,在传统的基础上有所创新,根据流行趋势,开发出不同民族、不同人群所喜闻乐见的商品。因此,搞好翡翠商贸,还要研究翡翠的艺术设计和加工学及中国的吉祥图案和美学等,最好再涉猎一些宗教、历史、哲学等知识。

珠宝历来被看作财富、地位的象征,围绕着翡翠毛料的交易,流传着不少神奇的故事。在翡翠这一行业,有太多大起大落的故事,尤其在市场的上游,有的人一夜暴富,有的人顷刻间倾家荡产,财富就像过眼烟云,尽管某些故事有些离奇,但是我们还是可以从中得到不少有益的启示,翡翠的商贸不仅要有技术,还要有资金的有效运作,这里有人生的哲理;心理学的技巧;经营的理念,这些前人的经验和教训,对于后人的翡翠商贸实务不无益处。有人说从事翡翠商贸需要财力、眼力和胆量,这些当然是必须的,但还有很重要的一条是要有良好的人脉关系,要有生活经验的积淀,学会待人处事。因此,书本知识仅仅是翡翠商贸的入门指导,取得成功的关键还在于商贸实践。但对于只是希望通过翡翠的收藏进行投资理财的读者来说,也许需要的主要是财力和眼力以及对未来翡翠市场发展趋势的洞察力和对翡翠的欣赏力,因此,你的翡翠人生同样可以丰富精彩。

第二章 翡翠市场

第一节 中国的翡翠市场

在中国，翡翠真正走向平民百姓是在改革开放之后，从最近20年翡翠市场的发展看，中国大陆的翡翠市场经历了几起几落，它与中国社会主义市场经济的发展息息相关。每次经济的景气都会有一轮翡翠消费的高潮出现。1985年，翡翠的买卖出现了第一次高潮，持续3年之后，在1989年出现第一次衰退。1992年，随着中国经济的走热，翡翠商贸出现了第二次热潮，这次一直持续到1997年，东南亚金融危机也使翡翠业受到重创，许多翡翠经营者改弦易辙，离开了这一行当。这种市场的起伏，正应验了一句老话，翡翠交易是“涨3年，跌3年，涨涨跌跌又3年。”

从完璧归赵的“和氏璧”，到孔子的君子“玉德”说，再到贾宝玉的“通灵宝玉”，中国人对玉的价值、德性和灵性的认同，达到了似乎无物可以替代的境地。作为“玉石之王”的翡翠在中国有着极为广泛的消费基础，而中国的翡翠市场也经历了从无到有，从地下流通到正规市场流通的可喜变化。

一、内地的翡翠市场

由于历史的原因，改革开放以前除了外贸生产和国家组织的大型翡翠山子雕等大型摆件的生产之外，中国大陆地区基本不存在翡翠消费市场，改革开放以后，大陆的翡翠市场逐步发展起来，由无序的地下贸易到形成一个较完善的市场体系，形成了产、供、销三级完善的市场，为消费者购买翡翠提供了一个正规的渠道。首先，出现了一批成熟的、有特色的加工基地与交易市场，其中具代表性的有广东的广州、揭阳、四会、平州以及云南的腾冲、盈江、瑞丽、昆明等地，另外苏州、扬州、上海、北京这些传统的玉器加工基地也正在复兴。零售市场上基本形成了一个以品牌翡翠为主，以大中型综合商场、专卖店为主要销售渠道的市场雏形。其中云南边境的翡翠市场以毛料交易为特色；揭阳市生产、加工、销售玉器历史悠久，尤以阳美玉都最具代表性，已逐步发展成为中国乃至亚洲享有盛名的玉器专业市场和高档翡翠、白玉生产加工基地，以生产高档色料的成品为主；

四会、平州等地以中低档翡翠为特色；另外翡翠B货生产主要集中在潮汕地区。这样，在广东形成了以广州为中心的原料集散地、以四会为中心的摆件加工地、以揭阳为中心的高档精品聚集地，广东平州则是一个混杂各种产品的销售集散地。

二、香港和台湾地区的翡翠市场

香港、台湾的翡翠有着长期稳定的市场，翡翠价格的增幅也很明显。1988年在日内瓦拍卖会上以220万美元（约合1 700万港币）成交的一串翡翠项链，到了1994年拍卖到3 302万港币，如图2－1所示，5年间升值近一倍，其增值幅度之大可见一斑。

图2－1　3 302万港币的翡翠珠链

香港和台湾翡翠市场的长期稳定发展得益于1949年全国解放后遁入缅境的李弥将军的部队为求得生存与发展大力开拓的翡翠玉石贸易。翡翠玉石从玉石厂开采后，在军队的武装押运下，经缅泰边境进入泰国，然后转运至香港、台湾等地，源源不断的玉石毛料为香港、台湾的翡翠行业提供了宝贵的原料。

香港虽然不大，但翡翠市场潜力很大，佳士得和苏富比两家国际知名拍卖公司都以翡翠作为主打拍品，吸引来自世界各地的买家，很多特级翡翠饰品大多被台湾买家买走。翡翠的拍卖价格近年来节节攀升，大大激活了翡翠市场的人气。

在香港这个弹丸之地，面积不大，珠宝金店却比比皆是，到处都有翡翠销售。凡是到过香港的人，都知道在九龙的广东道有一条玉器街，在这条不到200米的街上，翡翠店铺一家紧挨一家，有做翡翠原石批发的，也有玉雕专卖店、首饰专卖店、古玩专卖店。这里的翡翠物件大多质量上乘、做工精良、档次分明。在这里经营的翡翠商人，大多家族联手，世代相传，识货能力强，经验比较丰富。这里的物件标价，往往与实际成交价差别很大。除翡翠商业外，香港的翡翠加工也有相当的规模。整个香港有大小翡翠珠宝加工厂近千家，从业人员虽不足两万，但吞吐量很大，每年出口额约为68亿港币。不少毛料翡翠商家从仰光、清迈、曼谷等地购入。

香港是世界翡翠生产和消费的中心，所生产的翡翠首饰高雅讲究、款式新颖、工艺高超，领先于世界最高水平。

台湾是全球翡翠珠宝消费最高的地区。每人年平均珠宝消费为1 800美元，居世界之首。台湾人酷爱翡翠，对翡翠首饰有着特殊的感情，在香港、广东的玉器市场上，每天都有不少台湾人在觅宝。如揭阳、广州和四会等地是台湾珠宝商采购的重要基地。全世界的极品翡翠都向台湾兜售，没有哪一家珠宝店不卖翡翠。无论何种档次的翡翠，都可以在台湾找到市场，特别高档的翡翠一经出现就成为抢手货。

三、翡翠市场格局的变化

过去，谈起现代翡翠产业，人们总是习惯性地把目光投向我国的香港和台湾。而现在，中国内地的现代翡翠产业也已崛起。金融风暴把香港、台湾的珠宝业刮到了广东。1997年国内翡翠产值还只有3 000万元人民币，2001年奇迹般地跃升到了100亿元。

然而，翡翠市场的最近一次复苏，是在2003年非典之后，2005年似乎突然走热，现在还在持续升温中。综观整个翡翠产业链发展的历程，20世纪90年代大多是香港、台湾人在做高档翡翠生意，20世纪90年代以后，广东商人开始大规模介入。广东珠宝商通常是集合资金集团作战，然后迅速在全国各地铺开；而他们又与香港珠宝市场有着密切的联系，有时在展览会上看到的高档翡翠并不一定是台湾的，其背后操盘的很可能是广东、香港的珠宝商。台湾近年来则呈现出下降的趋势，但其保有量还不少，多是20世纪90年代以前沉淀下来的翡翠精品。台湾珠宝商更多的是在做文化，他们带来了更加精细、漂亮的设计，这与内地市场的高档翡翠形成了很大的差异，所以通常他们的东西会顺利出手，这也是带动市场升温的重要原因。

总之，改革开放以来，翡翠的市场已发生了很大的变化，20多年前，缅甸——翡翠供应产地；中国香港地区——原料和加工中心；中国台湾、香港地区，东南亚和欧美华人——高档消费市场。现在，缅甸——翡翠产地；中国内地——形成毛料贸易中心、高中低档翡翠加工中心，消费市场正在兴起；中国香港地区——老的高中档加工中心正在思变；中国香港、台湾地区和美国、欧洲——消费市场正待复兴。

翡翠商业版图的变化，是世界翡翠产业大洗牌的结局，新的翡翠产业结构再一次凸显了中国的角色地位。如今的中国，在国际翡翠商的眼里，既是翡翠的第二故乡，也是未来全球最大的翡翠市场。中国内地在对翡翠资源的占有上具绝对优势，中国翡翠投资者对翡翠市场前景充满信心。

第二节　我国周边地区的翡翠市场

全世界翡翠原料的产地主要是缅甸，翡翠赌石交易主要是在源头缅甸进行。在1995年以前，赌石的主要是缅甸华人、中国香港人和台湾人。1995年以后，中国内地的珠宝客商纷纷进入缅甸，在2002年3月上旬的第39届缅甸国际珠宝翡翠拍卖大会上，到会客商500多位，其中来自中国内地的竟达400多人。

近期翡翠的升温，源于翡翠产地产量的增加，2004年的开采量是5 500t。据了解，每年缅甸产的翡翠原石90%流入中国大陆，2004年6月份开始，缅甸加强对玉石资源的管理，规定翡翠原石出境必须在缅甸仰光做公盘，也就是公开拍卖。而近年来去缅甸参与竞买的广东人也多了起来。广东珠宝商会集合大量的资金竞买，高价位吃下翡翠原料后运回国内加工。缅甸军政府明确表明在公平的贸易政策基础上，要加大与中国的合作。因而，从事翡翠商贸，对于市场的源头，应有一定的了解。

一、帕敢的翡翠市场

（1）帕敢地区（图2－2）是缅甸翡翠的重要产地。帕敢现已经发展成了初具规模的城镇，它的地理位置得天独厚，沿着雾露河分布的场口一个连一个且规模较大。因此翡翠原料就是该地区惟一的珠宝品种。翡翠加工业不成规模，只有少量手工作坊式的个体加工，以解片和加工戒面为主。整个帕敢地区的珠宝商（含矿主）均注重对所开采出来的原料进行研究，以便准确地擦口或开片，从而获得较大的经济效益。

（2）该地区无统一固定的翡翠交易市场，只有零星小规模的“跳蚤”市场。一旦有外来客商要购货，当地小贩伺机出现，所出售的翡翠原料档次较低，这可能是由于安全和当地政府管制的缘故所致。

（3）在场口很难见到中、高档次的翡翠原料。在帕敢地区开采的几家较大公司在瓦城乃至仰光均设有总部，一旦开采到中、高档的原料，即送往瓦城进行研究、开口估价或进行加工。

（4）几家有实力的公司，如红宝龙公司、玉宝龙公司均控制了较大的翡翠矿区，管理较严，设有门卫，一般人难以入内。因此初次到帕敢购料者，一般都要有

图2-2　帕敢鸟瞰

当地人引导，这种人在缅甸称之为“摆撒”（中介人、经纪人）。这类人在帕敢地区较多，他们既懂汉语，又通缅语，并且还知道各场口的原料质量。正因他们有此专长，也就以此为生。货主对这一部分人是认可的，也是必不可少的。

（5）翡翠原料的买方主要是中国人，其中又以腾冲人居多，另一部分就是当地的商人。因近几年腾冲翡翠原料销售不太理想，故到帕敢购料的腾冲人比前几年少多了。当地的珠宝商占地利之优势，凡是各场口产出的较为理想的原料就买下以待外来商人。

二、瓦城的翡翠市场

（1）该市场的珠宝品种较为齐全，有翡翠原料、半成品及成品；有宝石半成品及成品；还有少量的海水珍珠饰品。当地加工的翡翠挂件，因其设计简单，工艺粗糙，在我国无市场；而加工的翡翠戒面，因为保其颜色与重量，故不太规则，随意性太强，外形太差；加工手镯因有广东的师傅指导或是在当地办工厂，因此一改粗、笨的传统款式及抛光差的工艺，其产品受到我国消费者的青睐；宝石类的加工改观不大，设计陈旧，工艺太差，用黄金镶嵌的饰品在我国根本无市场，只能是本地内需商品。

（2）在瓦城西南面，有一规模较大的珠宝交易市场，占地面积估计约2万m^2，虽其占地面积较大，但设施较为简陋，商铺较少，装修档次较低，与瑞丽的珠宝市场相比差距太大。交易市场内，多为棚架式条形空场。在这个市场内，集买卖、加工、娱乐、吃喝为一体（加工主要为解料及制作戒面）。入场交易者多数是游商小贩，上午开市，中午以后休市。就是这样的一个交易市场，还设有铁丝围栏，外国人进入要交1美元的入场费，折合缅币850元左右。

（3）进入市场进行购买的商人，多数为本地华裔，有的还在瑞丽开有商铺。他们以守株待兔的方式进行收购，然后转送瑞丽进行销售。外国人进入市场（主要为中国人）进行交易，当地的商人便漫天要价，其成交价一般为开价的

10%。如有当地的缅人引导,则开价就比较温和。在这个市场内,真假货都有出现,人工合成的宝石也屡见不鲜。中高档次的翡翠较为少见,需有当地的中间人介绍方可见到。

(4)瓦城较大的珠宝公司较多,且大多数在帕敢开有场口,在这些公司就有机会看到较高档次的翡翠原料及半成品(戒面)。这些公司自己都有加工车间,以解料为主(如图2-3),也做一些戒面及手镯。公司的老板多数是华裔,与他们进行交易,语言不会成为障碍。有的公司与云南瑞丽的商行有较密切的商务关系,这样对交易更为便利。

图2-3　瓦城翡翠毛料解料现场

(5)在缅甸进行交易,所使用的货币为缅币和美元。缅甸有私人银行,通过当地人可到私人银行或商人那里按当天的兑换市价换取缅币,因此在支付方面不成问题。如与缅商关系较好,有的可采用先预付一部分货款,然后货送到中缅边境瑞丽或畹町验收付讫,也较为方便。

(6)在瓦城购买翡翠原料的外国商人主要为我国的广东珠宝商。他们最初以购买"八三"料为主,而现在向购买中高档原料转移。据悉他们购买翡翠原料的开价之高,在当地较有名气。

三、帕敢及瓦城地区珠宝市场分析

(1)由于帕敢地区得天独厚的地质条件,因此该处是选购翡翠原料的最佳地。该地离腾冲县猴桥及盈江县昔马较近,其路程为320~350km,这就为翡翠原料的进口提供了较为便捷的通道。特别是由密支那到盈江的昔马,地形较为平缓,道路相对好走。目前腾冲、盈江两地的翡翠原料均由此通道进入。比较而言,帕敢地区的原料价格比其他地方低,但路途关卡较多,风险较大。

(2)瓦城是缅甸翡翠原料、加工及销售的重镇。随着缅甸政府对外政策的调整,近几年瓦城的珠宝业销售增长较快,特别是翡翠原料的销售增长更为突出(采用低关税)。正因为如此才能吸引大批的外商前往选购,而广东的珠宝商成了主力军。在瓦城购买翡翠原料,按缅甸政府要求,必须到仰光办理有关出口手续,来回折腾,周期较长。从瓦城购买原料后待运到瑞丽市,时间将近两个月。据悉,从仰光直发香港则要快多了。

(3)瓦城的珠宝加工业相对缅甸其他地区较为发达,但从其设计、加工工艺等方面与我国相比仍有较大差距。近几年由于我国的加工人才流入瓦城,将较为先进的生产工艺和现代款式设计也带入瓦城,这样大大提高了其产品的市场占有率,特别是近几年所加工的手镯,在我国有较大市场。

(4)随着外来加工技术的引入,少数不法商人也将作假技术引入本地,这就对外来选购的珠宝商和消费者来说,造成了极大的心理压力,同时也对当地的珠宝业造成一定的负面影响。因此到该地购货一定要谨慎,以免造成不可挽回的损失。

(5)到瓦城珠宝交易市场购买珠宝要特别小心,因那里购物环境不太理想,人员较杂,多数为"游商",价格乱喊,真假一齐上,稍不注意就会吃亏上当,损失无法挽回。

(6)瓦城的原料、半成品、成品,总体上来说其价格比边境一带都低,但路途遥远(仅从瓦城到瑞丽就有490km左右),特别是从腊戌到瑞丽口岸,检查站多达5个,且检查较为严格,这就给购货者带来较大风险。就中低档的半成品、成品(指手镯)与瑞丽市场相比,其价格相差不大。特别是瓦城的几家珠宝商在瑞丽有销售专店,其价格可以说与瓦城相差无几,这就大大方便了中国的珠宝商,既减少了风险,又增强了主动性。

四、仰光的翡翠市场

仰光的玉石市场主要是昂山将军市场和国家珠宝展览馆。其中,昂山将军市场位于市中心繁华闹市区,是缅甸珠宝玉石最大、最集中的成品零售市场。市场内近百家珠宝玉石店错落有致,从高档手镯、戒面、雕件到极其便宜的玉牌、玉生肖,各种档次的玉石制品琳琅满目,几乎每位游客都能在此发现自己喜欢的东西,慷慨解囊。当然,缅甸玉石价格暴涨在这里也体现得最为明显。以玉镯为例,从2002年年底至今,价格翻了几番。曾经有人将2002年买的价值600美元的玉镯3年后再交给同一家玉石商店代卖,结果以2 200美元轻易出手。那些玉石商店的老板对品质上乘的玉镯基本上都是"一口价"。

缅甸矿产资源丰富,珠宝闻名于世,盛产红宝石、翡翠和珍珠等。自1964年以来,缅甸几乎每年都要在仰光的国家珠宝展览馆举办珠宝交易会。为了扩大珠宝出口,缅甸近年还在每年10月份增办一次珠宝交易会。据官方统计,缅甸仅从历届珠宝交易会上获得的外汇收入就超过了5亿美元。

近年缅甸仰光的翡翠公盘(图2-4)已是珠宝业界的一大盛事,吸引了世界各地的大买家。由于近期市场上翡翠销售十分踊跃,进而促使翡翠原材料成交额大幅上升。缅甸矿物部和翡翠矿大矿主联合举办了2005年特殊原料拍卖会,参加交易会的各地客商近千人。另外大会采取了低标价的策略。现场竞投十分激烈,致使成交价高出底价几十倍甚至100倍。例如:第65批原料,2件,120kg,底价2 800欧元,成交价347 000欧元,高出底价120倍。

图2-4　仰光翡翠公盘现场

如果你要买玉石毛料,首先要备足资金,至少几百万元人民币,多多益善,否则免谈。有了资金,可以去两个地方,一个是前面提到的国家珠宝展览馆,参加拍卖会,另外一个就是为数不多的几家私人公司,如金固公司、宏邦公司等。在这些地方能否买到如意的玉石毛料,就要看自己是否懂行了。当然,还要注意符合缅甸的玉石出口政策和有关手续。

如果你要买成品,可以到昂山将军市场,也可以到OK、金网、天宝、富美、宝源等珠宝店。如果你对自己辨别真假的能力有把握,可以在昂山将军市场到处转转,多看多问,没准就能淘到真正价廉物美的好东西。否则可到上述这些珠宝店购买,基本可以保证玉石是A货,而且这些店加工相对精细,尤其是玉石雕件、手镯的加工水平还比较令人满意。至于价格,珠宝店的叫价,基本可以按5

至 8 折还价，这些珠宝店的人都会说中文，其中不少就是华侨或华人，所以多磨磨嘴皮子，大多都能马到成功。最后还有一招，不论在什么地方买了玉石制品，一定要向老板索要政府完税发票，一方面可以保证出关时海关放行，另一方面一旦发现货品有问题，只要将原物与发票一同带回，基本都可以退换。

五、清迈的翡翠市场

清迈是泰国北部的一座小城，因具有毗邻缅甸的优势，近一二十年来大力发展翡翠贸易及珠宝加工业，获得了巨额利润，由极为贫穷的不毛之地，转眼成为了举世闻名的翡翠交易中心。目前，由缅甸流入清迈的翡翠、成品、半成品及红蓝宝石，每年价值高达 12 亿美元，因而使泰国一跃成为世界瞩目的珠宝生产大国。

清迈县已初具繁华城市规模，道路畅通，机场宽敞。各大珠宝公司高楼拔地而起，长期聚集有我国的香港人、台湾人，以及缅甸人和新加坡人。虽然首饰的设计制作远不如香港，但在价格上有竞争优势。泰国政府豁免进口税，出口以量计税，对珠宝商很有利，因而，尽管这里山高林密，但世界珠宝商云集，缅甸每年 70% 的宝玉石原料流向了这里。

六、曼谷的翡翠市场

这里是泰国的首都，旅游业相当发达，翡翠珠宝是当地的一大经济支柱，年年有展销会。外汇收入每年可达 20 亿美元。这里又是翡翠镶嵌和销售中心，进口关税低，每年进入这里的翡翠商人有数十万之多。曼谷东部的庄它武里是著名的蓝宝石产地，加上优惠的税收政策，吸引了来自周边国家的宝玉石资源，促进了翡翠市场的发展。

第三节　翡翠销售渠道

翡翠的销售同其他珠宝一样，通过珠宝专卖店、大型商场的珠宝专柜等零售，在一些花鸟市场也有珠宝玉器流通，如果懂行，那里也不失为淘宝的好去处。翡翠的销售渠道除了零售商品市场之外，还有展销会、拍卖会、典当（铺）、网店或网上拍卖多种形式。

一、翡翠的拍卖市场

翡翠对于投资收藏来说，不失为一个理想的品种，特别高档的翡翠往往在拍卖会上成交。富豪们对翡翠的追求，达到了疯狂的程度。在一些大的国际拍卖会上，往往人头涌动，来自世界各地的富商阔太穿金戴银，玉臂频举，前赴后继的气势颇为壮观。

高绿的翡翠珠链和手镯在众多翡翠饰品中最为珍贵，前面（图 2－1）介绍的那串珠链被称为“翡翠珠链皇后”。“翡翠珠链皇后”在 1994 年佳士得秋拍时以 3 302 万港币成交，超出估价一倍多。这条特大翡翠珠链由 27 颗翠珠组成，犹如一串浓翠鲜艳的绿葡萄，颗颗晶莹剔透，完美无瑕。每颗珠子的直径为 15.3～19.2mm。据记载，这条珠链曾经为 20 世纪 30 年代世界著名富孀芭芭拉·赫顿所有（图 2－5）。1933 年，她以 5 万美元的价格买下。60 年间，这串珠链升值约 80 倍。

有关这串翡翠珠链的来历，说法不一。较肯定的说法是：珠链原为一串朝珠，来自皇宫，不知经过怎样的辗转曲折，到了一位北京商人的手里。他将这串朝珠分成 4 份，或出手或转让，散落于民间。20 世纪 30 年代时，世界著名女富豪赫顿到上海游览，见到这串翡翠珠链，十分喜爱，便以高价买下。后来，她将珠链拿到著名珠宝设计师卡地亚那里，为珠链镶嵌了一个红宝石链扣，使之更加华贵动人。

图 2－5　富孀芭芭拉佩戴“翡翠珠链皇后”出席纽约高级社交晚会

1988 年，这条珠链在日内瓦拍卖会上露面，一位远东私人收藏家以 220 万美元（约合 1700 万港元）将珠链买去，直到 1994 年，珠链再次在香港拍卖会出现，引来多位买家争相竞投，终于以破纪录的价格成交。5 年间，这串珠链升值近一倍，每颗珠子的价值高达 100 多万港元。

翡翠的拍卖市场有两大部分：中国的香港和内地。相比较而言，中国香港的翡翠收藏市场更加成熟，拥有固定的收藏群体。中国内地有庞大的翡翠消费能力，但是中高档翡翠还没有形成收藏市场，翡翠拍卖在内地最早是由中国嘉德 1995 年推出的，但是长期低迷，到 2003 年才有起色。

双彩翡翠珠链是佳士得 1997 年秋拍会上拍的一串翡翠珠链（图 2－6），由 27 颗圆珠组成，珠子大小为 15.09～15.84mm，硕大圆润，每颗都是非常鲜艳的祖母绿色，颜色均匀，没有任何瑕疵，配了一颗重 10ct 的钻石链扣，其靓丽和华美堪称世界一绝，是多年来在珠宝市场上未出现过的最好的一件，珠宝首饰估价在 4 000 万港币以上。

1997 年 11 月 6 日，在香港万豪酒店举行拍卖，许多著名收藏家和有钱人到场。起拍以后竞价非常激烈，几个买家都是势在必得，最后以 7 626 万港币成交，创造了单件珠宝首饰成交价的世界最高纪录。与 3 年前成交的 3 302 万港币的“翡翠珠链皇后”相比，将翡翠珠链的成交价提高了一倍多。

图 2－6　7 626 万港元的“双彩”翡翠珠链

2005 年嘉德春季拍卖会推出了 50 多件翡翠拍品，均属质地细腻、满绿的上等翡翠，遗憾的是最后只拍出了 10 件。但一件双串翡翠珠子项链以 198 万元成交，另一件翡翠挂件以 88 万元成交。中鸿信拍卖公司表现更好，2005 年春拍一块翡翠原石最终以 8 800 万元成交，创造了 2005 年珠宝类拍品的最高成交价；秋季拍卖会的一件翡翠如意也拍出了 990 万元的高价。

香港的珠宝市场经过多年的发展拥有固定的收藏群体，同时买家不仅是亚洲一些私人藏家，还包括很多国际藏家，成交情况比较稳定。如香港苏富比秋拍的“珠宝及翡翠首饰专场”（358 件），拍卖成交金额超过了 1.19 亿港元，成交率为 59.8%。其中的一件天然紫翠玉垂坠项链被欧洲私人藏家以 437.6 万港元购得。另一件翡翠镶钻珠链被一个亚洲私人藏家以 572 万港元竞得。香港佳士得秋拍的珠宝翡翠成交表现也不错，其中推出的“群仙祝寿”翡翠玉佩以 695.2 万港元成交。

翡翠价值高度浓缩，是最便于收藏、携带和转移的财产，而且还具有极强的佩戴性和装饰性。随着资源的日益匮乏，高品质翡翠同传世文物精品一样，拥有很高的收藏与升值空间。相信内地翡翠市场会随着艺术市场的逐渐发展，翡翠拍卖也会再度“复兴”。如果你也想通过拍卖进行收藏投资或转让拍品，应当对拍卖品征集、预展、拍品目录、拍卖、竞投、交收和佣金等事项有所了解。

二、翡翠典当

自 2005 年 4 月《典当管理办法》实施以来，全国典当进入了快速、健康发展阶段，截至目前有典当企业 2 052 户，分支机构 81 个，行业注册资本总额 170 多亿元，从业人员近 18 000 人，2007 年全行业年典当总额可望达到 800 亿元。全国的典当行业欣欣向荣。

翡翠特别是高档特级翡翠，作为一种稀缺的特殊商品，是一种非常理想的典当物品，翡翠典当将成为市民融资的一个重要手段。

三、翡翠的网上交易

商品的网上交易，由于流通渠道缩短、无店铺租金等费用，在价格上有相当的竞争优势。国际上网上销售首先取得成功的是图书销售、旅游业和音乐。接下来，便是珠宝、金融支付、电信、宾馆、房地产经营和软件业等行业。2005 年 4 月 22 日进入珠宝业的亚马逊 CEO Jeffrey P. Bezos 说，他可以以 500 美元批进一粒钻石，以 575 美元售出，不必介意蒂凡尼同样的钻石要卖到 1 000 美元。Nile Inc. 证实该发展战略非常奏效。2003 年该公司网上珠宝销售额达 2 700 万美元，Rapaport 非常看好这一行业。

据统计，目前国内个人店铺的网上交易量比较大的包括服装服饰、化妆品、珠宝饰品、手机、家居饰品等。珠宝分类一直是易趣网上交易最为活跃的分类，在 2004 年上半年，易趣网水晶手链平均每月能卖出 800 余根，A 货翡翠吊坠的月成交量更是达到了 3 000 件以上。水晶、银器和玉器的热销，带动了 2004 年网络珠宝分类的销售热浪。

由于翡翠体积小，快递费用低，很适合网上销售，但 B 货翡翠的泛滥，对珠宝的网上销售有一定的负面影响。而质量和信誉好的商家终将取得最后的成功。

四、商店销售

翡翠的商店销售是最普通的流通形式，翡翠现在已是家喻户晓的主要珠宝品种，一般珠宝店都经营翡翠这一品种。珠宝店在中国内地往往集中开在一个城市比较繁华的商业中心，随着珠宝消费的扩大，将来还有可能向周边次一级的社区商业中心发展。有的珠宝店集中在专业的珠宝市场，也有的以专卖店的形式出现。现在翡翠的流通甚至还以专业的翡翠专卖店的方式展开。

此外，由于翡翠玉件一般体积小，便于携带流通，也适于在私人之间通过转让进行流通，现在网上已出现了易物网，为这种私人转让提供了一个 C to C 的交易平台。有的地方专门在古玩市场进行精品展览，组织民间的斗玉会，为玉友切磋交流提供了更为直接的交流平台。

第三章　翡翠资源

第一节　翡翠开发现状

世界上最好的翡翠玉石原料产区地处缅西北，山高林密，矿藏分散。能否挖到玉石，特别是大块好料，一靠经验，二靠运气，偶然性很大。有的人做梦都想挖到好料发大财，却偏偏弄得一无所获，两手空空；有的人"无心插柳柳成荫"，无意间得到珍宝，改变了一生的命运。由此，引出了许许多多令人咋舌惊叹、大悲大喜的故事。

保山县施甸余某，14 岁就被其爷爷带到缅甸西北玉石场去挖玉石，18 年来，老板共分给他 19 块玉石毛料做工钱，他决心结束这种非人生活，便将毛料运到腾冲去解剖，谁知解开头一块看，大失所望，石中根本没见到玉。接着连解 17 块，全都不值钱，他浑身一软，瘫倒在地。解玉师傅见他可怜，买下他最后的一块，给了他一些路费和零用钱。但最后一块玉解开后，竟是上等翠玉，那个解玉师傅顿成巨富，而余某只好一步一叹地返回玉石场，重操旧业去了。

更为离奇的是腾冲人官某，他从 20 岁挖到 70 岁，连一块真正的玉石也未挖到过。一天，他坐在山头遥望家乡，不禁悲伤起来，大哭了一场。在下山前他撒了一泡尿，突然发现被尿液冲刷出一块带绿色的石头，他仔细一看，竟是整块的"淡水绿"大玉石。古稀之年，发了大财，衣锦还乡，这可说是一大奇事。强大的利益驱动使人们趋之若鹜，玉石厂引来一拨又一拨的翡翠玉石商，奇妙的故事还在不断上演。

世界上产出翡翠的国家有缅甸、危地马拉、日本、俄罗斯和哈萨克斯坦等国家（图 3－1），而国际珠宝市场上用作珠宝的翡翠主要来自缅甸。上帝非常眷顾那片本来属于中国，而在 20 世纪 50 年代划定中缅未定界时被划归缅甸的那一方土地。可以说，世界上已发现的最好的翡翠玉石即特级翡翠仅产于缅甸。

缅甸自然资源丰富，是一个美丽的国家。缅甸历史上就有"黄金地"、"珠宝国"的美誉。缅甸地理位置得天独厚，土地肥沃，是有千年历史文化的文明古国。缅甸人民淳朴善良，是虔诚的佛教国。从明朝至今的600 年的岁月里，翡翠原材料产区主要分布在大约东经96°~97°，北纬25°~26°的范围内，也就是我们通常认为的缅甸北部与中国云南土地山水相连的“克钦邦”（景波族）的孟拱。依史书记载，翡翠资源主要集中在密支那、帕敢、龙潭雾露河流域250km长，宽10~15km，总面积大约3 000km^{2}的范围内。在整个地球上，大自然就只在这片连绵不断的山峦之中，用“高压低温”的条件，孕育了这独一无二的美玉，能够挖到翡翠毛料的矿坑、矿洞、矿井、矿场，在当地叫“场口”。整个矿区有几百个场口。迄今为止，没有人跑完所有的场口，因而也没有人能说得出场口的数字。现在缅甸商人开采的范围大概有400km^2，长近40km，宽10km左右，缅甸的翡翠发现、开采至少已有几百年的历史。一直以来都是人力开采。

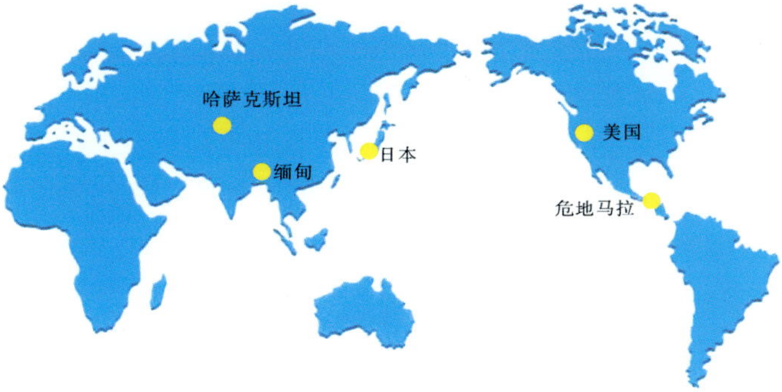

图3-1　世界翡翠产地分布图

1964年缅甸军政府关闭了仰光翡翠的出口通道，禁止私人买卖玉石，香港翡翠原料进货渠道受阻，翡翠的开采和交易开始转入地下。缅甸玉石商人越过萨尔温江，穿过缅泰金三角地区，打通了进入泰北的玉石通道，在泰北夜柿与香港玉商有了封锁后的第一次交易（图3-2），后来交易地移至清迈。

图3-2　缅北缅泰界桥
——玉石贸易的重要通道

1992年，缅甸政府放开政策，开放民营开采以后，缅甸翡翠开始进入合法开采时期，开始引入机器进行机械化开采。

1994年，缅甸政府进一步开放民营、私营进出口贸易以后，缅甸翡翠全面进入机械、现代化开采时期。截至

2004 年,在帕敢城区用于开采翡翠使用的相关机械设备有近 8 000 台,“挖土机”约 1 000 台,“拖土运输车”近 5 000 台,这是一个庞大的开采工程队。在开采场口,山峦被劈开,河流被改道,敞开的工作面数万、数十万平方公里;有的场口,垂直开采深度已达百米,隆隆的、此起彼伏的爆破声后,多台重型翻斗车源源不断地将废土碎石运出场口,场面十分壮观。现在缅甸的翡翠毛料、原材料产量每年在 10 000 t 以上。

翡翠有原生矿与次生矿之分。次生矿就是原生矿经过风化破碎,在地表原地或经河流搬运后在泥土、砂石混合层形成的矿床,次生矿以现在开采进度,估计可开采 20 年以上。原生矿就是岩石层中由内生地质作用形成的未经风化搬运的硬岩矿床,估计可开采 100 年以上,但开采成本非常高,开采风险也非常大。有资料证实,近几年缅甸方面每年投入 25 亿 ~ 30 亿元人民币的开采成本开发翡翠矿石,每年产出的原材料大约可卖价值 20 亿元人民币,总体上投资开采翡翠玉矿每年亏 5 亿 ~ 10 亿元人民币。对矿主来讲,60% 亏,30% 平,10% 盈利。但据国内的专家估计,中国市场上每年销售翡翠是 100 亿 ~ 200 亿元人民币,从这些数据上我们不难看出,翡翠在中国市场总体上有 5 ~ 10 倍的毛利。可以说,翡翠矿山开发在缅甸,翡翠深加工升值、增值在中国,利润在中国。在玉石场上,从没有人计算过到底搬运多少吨废土废石可以得到几公斤玉石。即使计算出来,这几公斤玉石又可能有好、有坏,好的也许可以买下几座矿山,差的也许分文不值。所以,计算玉石的产量其实毫无意义。投资开采翡翠玉矿,风险很大。某个地点能否投资开采玉矿,从前是靠经验,现在也有地质人员的参与,但翡翠的稀少及巨大利润,仍然使投资商的投资豪情丝毫不减。所以,从古到今,玉石场上无论是小工还是老板,都相信人与玉须有缘份才能挖到好玉,正所谓“玉石天命”。尽管如此,仍有许多人要来开采翡翠矿,要来投资翡翠,要来求缘、求玉,要来碰碰这“玉石天命”的好运气。

缅甸的珠宝矿业开采权,只开放给缅甸公民,可以独资私营开采。缅甸公民也可以同政府合营开采。开采权有 3 年限期、5 年限期,所以缅商投资者因时间、成本因素,须日夜 24 小时加工开采。缅商都尽量在开采权有效期将矿采完,不打算再投资续约延期,所以开采破坏性比较大。物以稀为贵,“黄金有价玉无价”,翡翠毛料年产量超过万吨,但高档翡翠毛料占的比例尚不足万分之一,中档翡翠毛料也占不足 5% 的比例。中低档翡翠毛料应占 95% 以上。以现在市场的发展需求,翡翠原材料,尤其是高档翡翠原料远不能满足市场发展的需要。被称为“翡翠之国”的缅甸,近年来高档原材料开采已近枯竭。缅甸政府统一物资、资源调配,对政策进行调整:一是限量开采;二是限制高档翡翠出境。随着市场需求的增加,缅甸海关不断控制高档翡翠原石的出口,只允许加工后的翡翠饰品出境。上等翡翠资源短缺，只剩中、低档资源，导致市场整体翡翠质量下降。另一方面，最近几十年来，随着我国改革开放的深入，人们的生活水平也不断提高，对翡翠的需求量增加，翡翠市场供不应求。这样一来，翡翠价格一路攀升，成本也成倍增长。

第二节　翡翠资源产出的地质背景

翡翠资源产出的地质背景，要从特提斯海说起，在2.8亿年前的早二叠纪时，现在的青藏高原和与其相连的缅北翡翠产地全都是波涛汹涌的辽阔海洋。这个海横贯现在欧亚大陆的南部地区，与北非、南欧、西亚和东南亚的海域沟通，称为“特提斯海”或“古地中海”。当时，特提斯海地区的气候非常温暖，是海生动、植物发展茂盛的地域。

那时，特提斯海的南北两侧是被它分裂开来的原始古陆。南边的冈瓦纳大陆，包括如今的南美洲、非洲、澳大利亚、南极洲和印度半岛及阿拉伯半岛；北边的欧亚大陆，包括如今的欧洲、亚洲、北美洲。二叠纪晚期，地球上南、北两块大陆开始分裂、漂移，形成板块。印度板块分离出来以后，以较快的速度向北移动，特提斯洋壳受到强烈的挤压，不断发生褶皱断裂和上升。到距今4 000万年前的始新世晚期，印度板块与亚欧板块相撞，导致了剧烈的地壳构造运动，使得缅北地区和喜马拉雅地区全部露出海面，特提斯海消亡，宣告了整个高原地区海洋历史的结束。

缅甸翡翠矿床主要产于印度板块和欧亚板块结合部的外弧带，混杂体中的超基性岩与作为变质岩的蓝闪石片岩靠近的地带；前苏联翡翠矿床集中在超基性岩体顶部和巨大捕虏体附近，并与钠长岩、角闪岩等共生，产出时代以中、新生代为主。缅甸的原生翡翠矿床主要有度冒、缅冒、潘冒和南奈冒等，它们是彼此相距很近的脉状、透镜状和岩株状翡翠矿床组成的矿带。此外有哈萨克斯坦的伊特穆隆达和列活－克奇佩利翡翠矿床；美国加利福尼亚州的克列尔克里克原生翡翠矿床；中美危地马拉的麦塔高翡翠矿床。

从翡翠矿床的分布特征看，都出现在构造强烈挤压部位，一般出现混杂岩体，伴有区域变质岩的产出。缅甸翡翠矿床的成因，明显与高压低温的区域变质作用有关。根据地壳的板块构造理论，当洋底滑入大陆边缘时，洋壳表层的冷的岩石被挤压推回地面时，要经受巨大的压力，岩石在压力下发生高压重结晶作用，所以形成蓝闪石片岩，或者蓝闪石－硬玉片岩。这些岩石一般局限在洋底板块俯冲作用和逆冲作用强烈的板块缝合线附近（图3－3）。

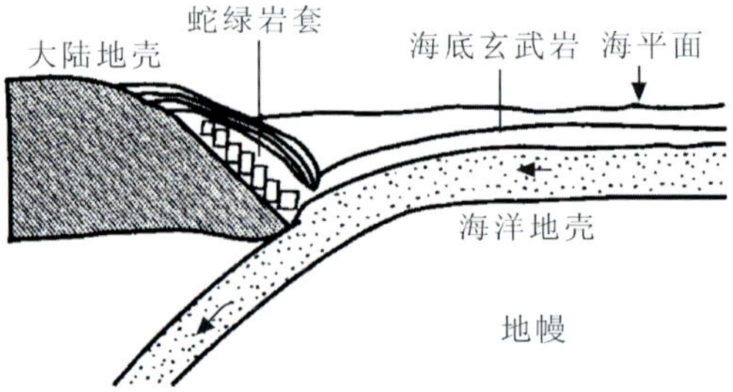

图3－3　高压低温变质作用的板块构造模式

根据对亚洲区域地质构造的研究，在青藏高原、缅北及云南横断山脉地区发生过洋底板块的俯冲、不同板块的碰撞和缝合。印度板块沿东北向与欧亚板块相撞，并俯冲到欧亚板块之下，造成青藏高原的隆起，并在云南及缅甸北部地区，形成一条弧形的缝合线（即雅鲁藏布江缝合线）。强烈的地质构造活动，不仅使整个地区形成巨型山脉，而且造成很多的深断裂及沿断裂带侵入的大量超基性岩。缅甸北部翡翠矿区位于两个板块的碰撞缝合线附近，根据构造地质学的研究，缝合线沿北端的葡萄至密支那，又沿伊洛瓦底江呈南北走向（图3－4）。

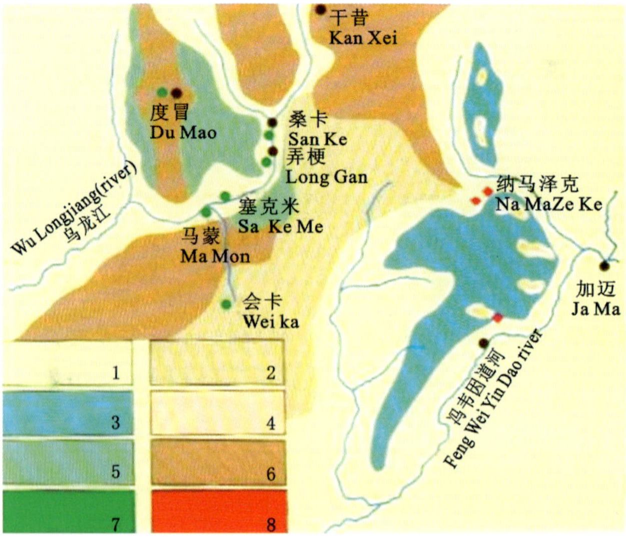

图3－4　缅甸北部含翡翠区地质构造示意图

1. 现代冲积层；2. 近代砾岩；3. 前寒武纪花岗岩；4. 前寒武纪大理岩；

5. 蓝闪石片岩和其他片岩；6. 蛇纹岩化橄榄岩；7. 翡翠矿床；8. 红宝石矿床

我国至今虽未发现真正的翡翠矿床，但具有缅甸翡翠矿床形成的地质条件。如我国的玛曲－玛沁混杂体分布带（甘肃、青海），龙门山混杂体分布带（四川），金沙江混杂体分布带（四川、云南），雅鲁藏布江混杂体分布带（西藏），哀牢山混杂体分布带（云南）等，都具有形成翡翠矿床的地质条件，均是寻找翡翠矿产资源的重要地区。但从目前的研究水平看，均难以形成与缅玉相当的翡翠。

第三节　翡翠产出特征

翡翠的开发至少从 13 世纪（也许还早）就开始了。最初开采的是冲积砂矿和冰川砂矿，直到 18 世纪才发现原生翡翠矿床。原生翡翠矿产于前寒武纪地层中呈由北向东延伸的蛇纹石化橄榄岩体内。如前所述，主要产地是度冒（图 3－5）、缅冒、潘冒和南冒。

图 3－5　度冒矿床翡翠脉的内部构造示意图

1. 蛇纹岩；2. 绿泥石片岩；3. 角闪石片岩；4. 钠长石岩（含角闪石片岩包裹体）；5. 钠长石－翡翠质岩石；6. 翡翠岩

这 4 个矿区是由彼此相距很近的脉状、透镜状、岩株状翡翠矿体组成长而厚的同一矿带，沿走向长近 1～2.5km。含翡翠的脉体呈环带状构造，脉体中心部分是硬玉单矿物翡翠岩，向脉壁方向渐变为钠长石－翡翠岩带、钠长岩带和碱性角闪岩带。翡翠岩一般厚 2.5～3m，主要由白色硬玉组成。这种翡翠是一种致密（极细粒至中粒）的硬玉颗粒集合体，它的外貌很像白色砂糖状大理石（仔细观察具变斑晶交织结构）。有的地方在白“地”上杂乱地分布有各种颜色（深绿、苹果绿、黄绿、藕粉色）的斑点和条带，有时在同一块翡翠岩中几种颜色恰到好处地融和搭配在一起。这几个矿区被发现时，矿脉中的部分矿石在露天裸露的时间已经非常久了。由于当地的带酸性的地下水和雨水的长期浸泡和侵蚀，当地的翡翠矿石变得质地更加细密（因为那些质地粗松的矿石已经被风化和腐蚀掉了），再经过加工后显现出非常好的通透度，这些矿区产出的翡翠就被行内人士称作“老坑”料。

新鲜未遭受破坏的原生翡翠矿石，在行业常被称之为新山料，也叫山石，因为开采的年代比较新，所以大多是新坑，这种料由于未经受过风化，矿石的棱角分明，表面没有皮壳，从外表面可以比较容易地判断出毛料内部的特征，因为没有经过大自然的分选作用，因而差料比较多，但也不排除找到好料的可能性。原生矿经过一定距离的搬运后，在山坡上堆积成矿，这种矿石叫做半山半水石，特征是有一定浑圆度，但皮壳不发育，矿石经过继续搬运，被冲入河沟，经过河流搬运后，由于自然的分选作用，一些质量不好、质地稀松的翡翠就被大自然筛选掉，比重大、结构致密的翡翠被保留下来，形成了优质的河流次生矿，最早开采的翡翠，就是这部分矿，所以就被称之为“老坑”料，这样，老坑就成了优质翡翠的代名词，其实，老坑也有“砖头料”，但是相对来说，新坑就差得多，所以说到新坑，就是指结构疏松，种不够致密的翡翠。

翡翠的河流次生矿还可以分出两类，一类是古河流次生矿，一类是现代河流次生矿。古河流次生矿由于地壳运动，长期露出水面，现在已成了山丘。翡翠遭受到风化，表皮呈现出黄黑色的泥沙状，俗称泥沙皮。而另一类的现代河流次生矿，基本处于河流中，或露出水面时间不长，未遭受到严重风化，通常呈表面光滑的水皮。

2000 年 12 月在南冒发现了质量达 3 000 t 的翡翠原生矿体。此矿体赋存于蛇纹石化纯橄榄岩中。矿体呈浑圆透镜状，长轴长 30m，真厚度 8 ~ 10m，倾向长度 20 ~ 25m。整体矿体与围岩接触关系清晰，上、下盘见绿泥石化剪切带，整体矿体完整，未遭到后期破坏。该翡翠矿脉主体白色，粒度粗，属新种玉，但局部有大面积的紫罗兰色，内部可见后期热液侵入，尤其是一些含铬离子热液的侵入，产生了淡绿色，呈脉状分布，厚度仅几厘米。这是世界上目前已发现的最大的翡翠矿体（图 3 – 6），发现该矿的红宝龙公司已将它献给国家，政府将设旅游景点将之保护起来，这对翡翠特别是优质翡翠的研究将具有重要意义。

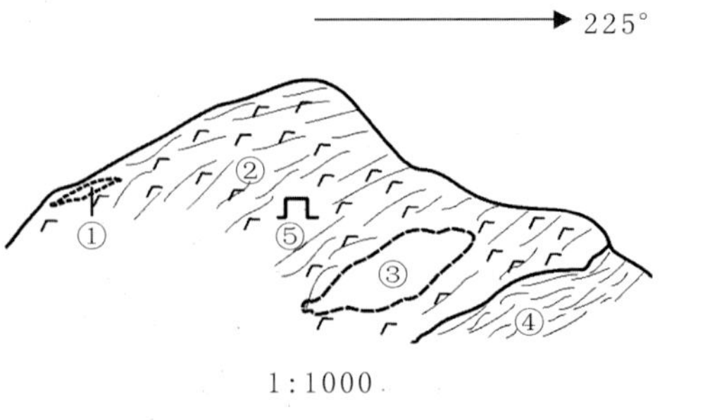

图 3 – 6　3 000 t 翡翠矿体素描图

①豆荚状翡翠矿脉；②灰绿色蛇纹岩（原岩可能为橄榄岩）；③透镜状玉石矿体；④蓝闪石绿帘石片岩；⑤坑道

第四节 翡翠原石

前面已提到翡翠原石分为原生矿石和次生矿石两种。翡翠原石在民间被称为毛料,相对应的有山石玉和水石玉。山石玉直接从原生矿床开采而获得,玉的原始特征未遭破坏,容易从矿石表面判断玉石的质地好坏,而水石玉经过长期的河流搬运和地表风化作用,已成浑圆状,表面已形成了厚薄不等的皮壳(图3-7),如果翡翠玉石出现在现代河床里,表皮还比较光滑,但如果出现在已上升为陆地的古代河床里,表面的风化壳很厚,形成所谓的泥沙皮,原石的原始特征已被掩盖,难识庐山真面目,要根据皮壳颗粒的粗细松紧及其他特征来综合判断内部的质地和颜色分布情况。根据皮的颜色、致密程度、光润程度可以大致估计出翡翠内部的色彩、水头好坏、底的好坏和裂绺的多少。如皮致密坚实细润,通常指示着其内部透明度好、杂质少。再如皮面表现为不明显之绿苔状松花,常指示其内部有翠绿。皮面凹凸不平粗糙者,常指示内部裂绺较多、质地疏松。再如若翡翠表面颜色变化较大,且有黑色斑块条带者,就有可能出现高翠,因为碳元素对致色元素铬有吸附作用。但须注意后期形成的碳质对色的形成无影响。一般外表颜色浅淡无明显变化者,其内部均不会出现高翠。一块白沙皮,上手后有手感细沙脱落者,一般水头足。黑皮或灰黑皮,一般内部含氧化铁较多,褐色的皮称之为黄鳝皮颜色的,一般种很老。如皮细嫩还可见松花和碳质条带者,表明内部水好且有高翠。要通过对玉石原料皮的综合判断,估计其内部情况。

图3-7 产自缅甸帕敢水石料
种老,黑沙皮料,无擦口,满身松花蟒带,属高色料

玉石表皮的主要鉴别依据有蟒带、松花和癣等。

松花是描述风化壳的术语，是翡翠中的绿色在风化壳的表现形态，是赌色的最重要的依据。松花的颜色有浓有淡，形态各异（图3－8）。翡翠的绿色分布主要包括块状、脉状和浸染状三种形态，中间也还有一些过渡类型。因为绿色的深浅、色调、形态分布是由致色离子的种类、浓度和空间分布决定的，而致色离子的种类、浓度和空间分布在一定的成矿时间和空间是相对稳定的。所以松花的颜色及形态在某种程度上反映了内部绿色的颜色、形状和分布规律。是商家从表皮现象分析进而判断内部绿色情况的重要依据。

图3－8　帕敢玉表面的松花

蟒带是描述风化壳的术语，是翡翠中的绿色在风化壳的表现形态，一般呈细脉分布在风化壳表面，是判断有无颜色的一种依据。蟒带这种现象是两种地质过程的结果：一是成岩成矿的世代差异，导致结构、成分上的差异，风化过程中产生差异风化；二是成岩期后构造运动作用的结果。翡翠的多次成矿产生不同世代的翡翠，这就导致了翡翠硬度上的不同。在风化过程中产生差异风化，一般是细粒结构比粗粒结构抗风化能力强，所以凸出来的蟒带部分比较细，而凹进去的蟒带部分比较粗。翡翠的有色部分多是后期改造的结果，后期改造首先是在应力作用下变形、破裂，而后含致色离子的热液侵入，进行交代重结晶。所以说有色部分多是变形破裂带，而这一破裂带又是在应力和热液作用下发生了揉皱和重结晶带，分布在风化壳上则形成了一种蟒蛇盘绕的现象，称之为蟒带（图3－9）。另外，蟒带有白、灰、黑、绿等颜色，不同颜色是不同的致色离子所致。蟒带的形态、颜色、走向、倾向的变化决定了绿色有无。

图3－9　蟒带在表皮上的特征（灰卡玉石）

癣是指翡翠仔料上出现的大小不等、形态各异的黑色、灰色、淡灰色的印记，癣的主要矿物成分就是蓝闪石，而这些蓝闪石是由硬玉演变而来的。蓝闪石 $[Na_3Mg_3Al_2[Si_4O_{11}]_2(OH)_2]$ 是一种碱性角闪石，属单斜晶系，柱状晶体少见，通常呈柱状、纤维状集合体，呈靛蓝色（如图3－10）、蓝黑色。蓝闪石往往围绕辉石，尤其对硬玉呈边缘交代或完全交代。一般来说，有癣易有色，但同时癣又吃色，癣随绿走，癣靠绿生。绿色多少决定于黑色的蓝闪石对硬玉的交代，交代得越彻底，绿色存在的可能性越小，因此赌性也越小。癣的形态有脉状、浸染状、块状。

图3－10　靛蓝色的癣

玉肉、皮壳和雾。水石玉内部新鲜未遭风化的部分称为玉肉，在玉肉和皮壳之间，有一个半风化的过渡层，外观上呈雾状，故民间将之称为雾。雾也有厚有薄，黄、红、黑、白各色都有（图3－11、图3－12）。带翡的玉料就取自这一部位。从雾的颜色也可解读翡翠内部的信息，红和黄雾都是铁的氧化物引起的。出现红雾说明三价铁含量高，白雾说明玉石内部比较纯净，出现翠的概率比较大。

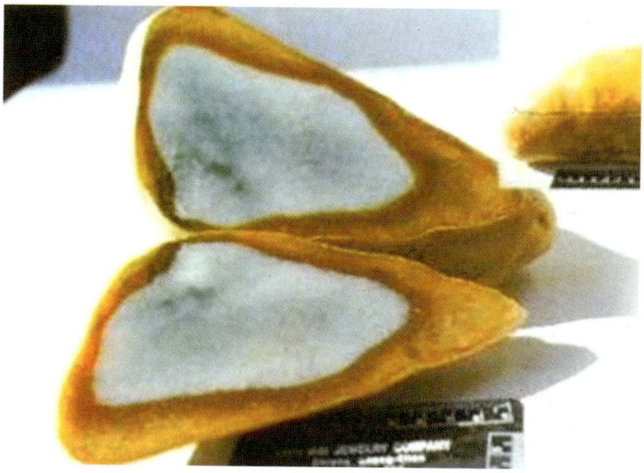

图3－11　蜂蜜雾

图3－12　白雾

裂绺。此外，裂隙有大小和开合等种类，这对估价有很大影响。圈内人说："不怕大裂怕小绺"，"宁赌色不赌绺"。在赌石交易中，用绺的颜色可以判断其破坏程度：呈白色是一般破裂，呈红、黄、黑色则为破坏程度严重。成品和明货（开门翡翠）则应仔细观察内裂、小裂，如马尾裂等，尤其是随绿裂、错位裂对其售价有直接影响（图 3－13）。

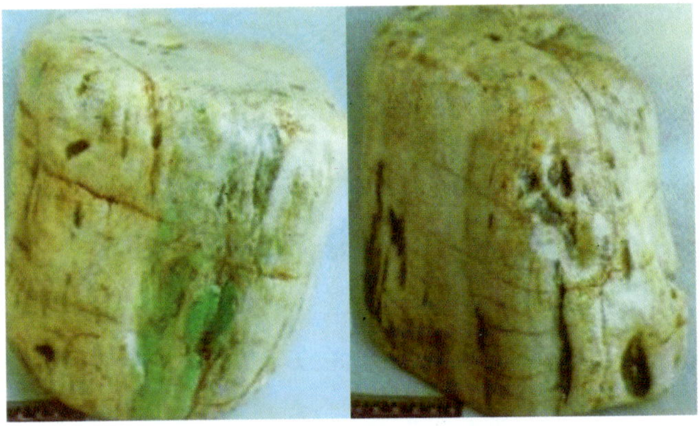

图 3－13　平行的细裂纹，有绿也难取料

吃黄。吃黄是指当翡翠原石中有裂隙时，沿着裂隙发生氧化作用，黄色的氧化物沿裂隙生长产生的黄色浸染玉肉的现象，吃黄也对翡翠原石起到了破坏作用（图 3－14）。

卯水。在地表植物有机质的还原作用下在翡翠的微细网纹状裂隙中形成的灰黑色、灰蓝色和灰绿色的产物（铁叶绿泥石的鳞片变晶），因外观酷似猫尿，而猫尿一词不雅，故云南人以卯水称之。卯水对翡翠的质地起破坏作用，见图 3－15。

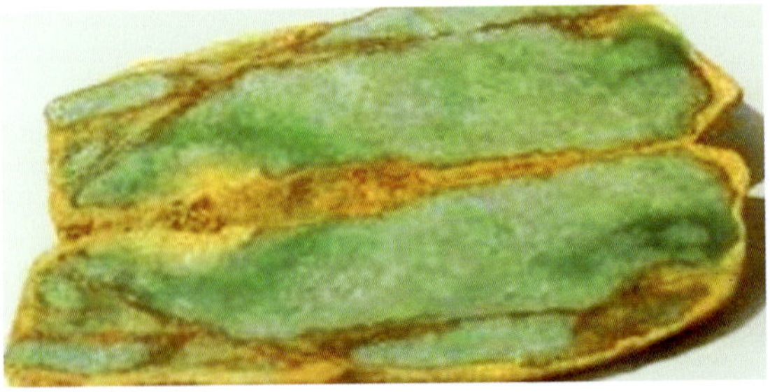

图 3－14　玉肉中的吃黄现象

图 3－15　玉肉病变——卯水

第五节　翡翠名坑

一、后江玉石

后江玉石也称坎底玉，也叫雷打场。分老后江和新后江，均产自河床冲积砂中，新后江玉产于冲积层之中下部，而老后江玉产自冲击层之底部，其共同点是皮上均有蜡皮。老后江玉，皮薄呈绿黄色，个体很小，很少超出 0.3kg，水好底好，常产满绿高翠，少雾，裂纹多，做成成品后颜色与原石相比有所增色。于正午阳光下，光线能穿透皮看清部分情况，水底都差的偏蓝。新后江玉石，开采较晚，皮较老后江玉厚一些，有蜡壳，裂纹毛病较大，个头比老后江玉大，一般都在 3kg 以内；石质好，正午阳光不易穿透皮壳进入内部。成品抛光后不及原石色彩好，即会褪色。水和底比后江玉要差。密度、硬度均没有老后江玉大，裂纹多，一般来讲即使满绿高翠也不能做成高档首饰品。

图 3－16　高翠玻璃种
（1996 年拍卖成交，650g，45 万元人民币）

二、帕敢玉石

加龙、莫孟等矿区产帕敢玉石。帕敢玉皮薄，皮以灰白、黄白色为主；皮壳有黄盐砂、白盐砂；有白雾、黄雾；外皮砂发好，结晶细，颗粒均匀；一般种好，透明度高，地子细，色足。个头一般较大，从几千克到几百千克均有，呈各种圆形砾石。

一般以产中低档砖头料为主，有高翠，但少见。常见有绿花绿带，但绿较浅。一般只做手环及玉雕产品，不法商人多用此玉作假。老帕敢黑乌砂玉，皮壳乌黑似煤炭，一般种好底好有高翠。但该矿基本采完，市场上的帕敢玉多来自马蒙。

三、灰卡玉石

灰卡玉石皮壳杂色，以灰、灰绿、灰黑为主，见暗灰绿之蜡壳，但透明度好坏不一（图3－17）。水底好的地方分布均匀，但有绿的地方水特别好，个体大小悬殊，大件有几十、几百甚至上万千克，呈砾石状。

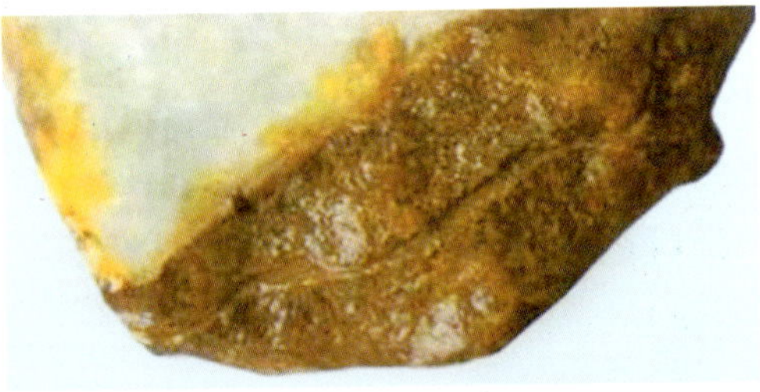

图3－17　灰卡半山半水石

四、马蒙玉石

马蒙玉石也称乌砂玉。黑乌砂，黑中带灰，水底一般较差。有色的地方一定水好、底部好，且常夹黑丝、黑点、白雾等，常缺黄味，即偏蓝。但绿很集中时，可产生浓绿即祖母绿的最高贵之色彩，这时就十分昂贵。

五、打木坎玉石

打木坎玉石（图3－18）皮多为褐灰色、黄红色。为坡积层产出或山下河床之水石。一般水底均较好但欠黄味。多白、黄、红三种雾。此地所产似血红色红翡，十分名贵。

图3－18　打木坎玉石

六、龙肯(龙塘)玉石

新老厂型,产于乌龙河两岸,为残坡积产出,皮较粗。老厂的大部分水、底好,产出的绿很正,出高翠(图3－19)。其玉石缺点是结晶颗粒粗。铁龙生产于此地凯苏场口,铁龙生在缅语中意为“全绿”。出细糯春色玉石的木乱干新厂玉亦在此地产出。

图3－19　龙肯新厂玉

第四章　鉴评基础

第一节　何谓翡翠

前面我们已经谈到，翡翠本非玉名，在远古时代，翡翠指的是一种彩羽鸟，翡为红羽鸟，翠为翠羽鸟，合称翡翠。而到了现代，由于翡翠玉的大量应用，翡翠则成了玉的专有名词。那么，翡翠究竟为何物？近十年来，翡翠在我国珠宝市场大量流行，受到了消费者的普遍喜爱，也引起了珠宝界专家学者的广泛兴趣。不少专家对市面上流行的翡翠从成分、结构等方面作了大量研究，发现这些翡翠远比想象的要复杂得多，对翡翠的定义和命名原则等也提出了各种看法，有些问题尚在探讨之中，但比较一致的意见是，翡翠是以硬玉为主的玉石。

硬玉是一种矿物的名称，在 19 世纪中叶，法国矿物学家 Damour 发现中国的玉器由两类不同的矿物组成：一类为闪石类，即传统的新疆产的和田玉，称之为 Nephrite；另一类是辉石类的钠铝硅酸盐，是缅甸流入中国的玉石，称之为 Jadeite。日本学者根据两者硬度的差异，分别将之翻译为软玉和硬玉。在这里，矿物学意义上的硬玉被当成了珠宝概念中的翡翠的同义语。众所周知，刚玉与红宝石、蓝宝石不能相提并论，祖母绿也从不与绿柱石作为同义语使用，只能说祖母绿是绿柱石的一个变种。从品质上来说，硬玉与翡翠有着天壤之别，一个是普通的矿物，一个是具宝石价值的矿物集合体，因而也有人将翡翠划为辉石玉（Pyroxene Jade）。因为这种玉的主要成分是钠铝辉石即硬玉，纯净硬玉的化学成分是 $NaAl(Si_2O_6)$。辉石是个大家族，硬玉只是其中的一员，从商业意义上通俗地讲，翡翠就是具有“玉性”的硬玉岩。这样，我们就从矿物学、岩石学和宝石学几个方面对翡翠作了严格的界定。但考虑到翡翠本身的特质和翡翠市场的现状，笔者不主张将翡翠的概念泛化，这样会将翡翠的高贵与一般硬玉岩石及相似物质的平庸混为一谈，助长了翡翠商贸中以次充好的劣习；也不主张将达到玉性的其他辉石玉排斥在翡翠之外，接受广义的翡翠概念，以增加翡翠市场的活力。为将硬玉与翡翠区分开来，翡翠的英文名应当译为 Jadeite Jade。

第二节　翡翠的基本宝石学特征

翡翠的基本宝石学特征如下。

(1)翡翠具有玻璃光泽和珍珠光泽。翡翠集合体有刺状或参差状断口。可见翡翠岩晶体的片状闪光,俗称苍蝇翅膀,也称为翠性,这是一个最可靠的特征。相对密度为3.3~3.4,几乎与二碘甲烷的完全相同。故在此液中,硬玉呈悬浮态。就世界上已知的宝玉石而言,相对密度与翡翠相当的有黝帘石(3.35)、橄榄石(3.34)和钠柱石(3.32)等。

(2)翡翠是由许多纤维状微晶硬玉致密地交织在一起,形成纤维状交织结构(图4-1),故有很强的坚固性,适于雕琢,制品可经久耐用。硬度6.5~7.0。

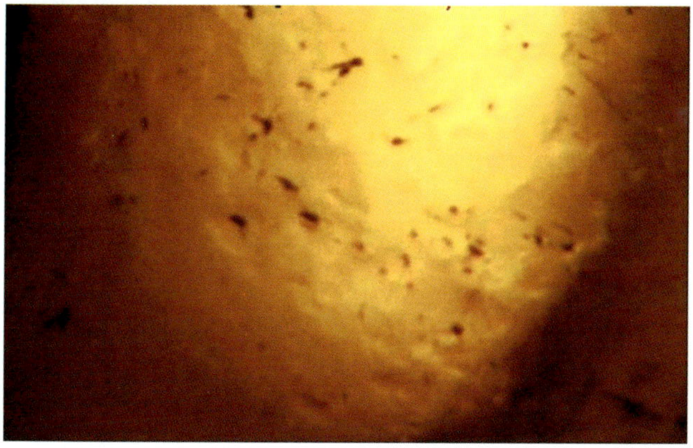

图4-1　翡翠的表面纤维交织结构,表面矿物缺失造成的坑洼

(3)翡翠的折射率为1.66,测试抛过光的翡翠的折射率十分方便可靠。在野外可将翡翠高档成品放入一溴苯中,这时翡翠的折射率与反射作用降低到最小程度,以致使得肉眼几乎看不到翡翠的实际存在,便可确定是翡翠无疑了。若翡翠的绿为人工上色,在一溴苯中绿色看得较明显,而其他部分几乎看不见;若为天然绿,在一溴苯中完全看不清。

(4)翡翠的颜色多样,玉篇曰"似翠而赤"。价值高的翡翠主要决定于"翠"。翡翠正色有祖母绿、苹果绿、秧苗绿和翠绿。硬玉好区别,但要识别真伪绿色就有些困难了。可借助查尔斯滤色镜观察,若为人工染色在阳光下观看可以变为紫色,真翠不变色。观察前须确定是否为硬玉。其他的如蓝宝石、绿玻璃在滤色镜下也不变色。

(5)翠绿色的翡翠在红光区有 3 条由铬引起的吸收线(图 4－2),其中 660nm 的吸收线最为明显。浅绿色翡翠铬吸收谱不明显,但在紫光区可看到铁引起的 437nm 吸收线,该谱线对天然翡翠有鉴定意义。

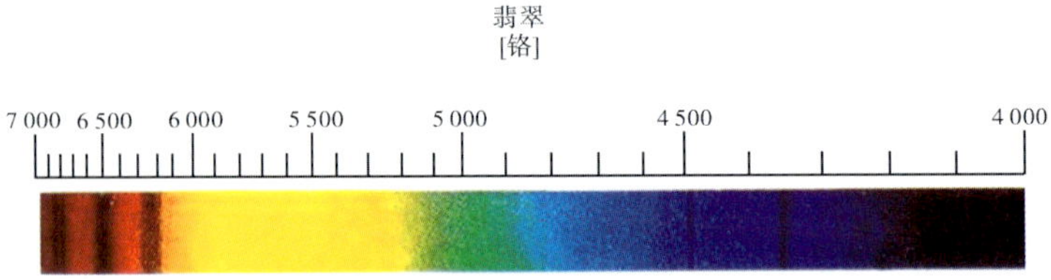

图 4－2　翡翠的吸收光谱

第三节　翡翠的类型

翡翠按矿物组成划分的类型是与品质不同的两个概念,而与翡翠种的概念有一定的联系。在翡翠中,除了硬玉矿物外,还含有其他的辉石类矿物及其他矿物,这种矿物成分的多样化使得翡翠的产出类型发生变化。根据不同矿物的组合类型和不同的矿物组成比例,我们可以划分出不同矿物类型的翡翠。

尹宗烈认为,能称为翡翠的硬玉岩,应属单矿物岩(其他组分不大于 10%),其伴生矿物多为钠长石和霓石。同时发现硬玉形成晚于钠长石,有明显的交代现象。过去多认为硬玉是很稳定的矿物,其实硬玉可发生次闪石化,伴生有沸石。据对次闪石成分变化的直接跟踪,次闪石由硬玉转变而来,沸石由钠长石转变而来。

从近年的研究结果看,上述结论仍然成立。但通过多年研究之后,发现翡翠的矿物构成要比原来认识的复杂得多,翡翠作为一种以硬玉为主要矿物成分的多晶质集合体,除了硬玉外,还有钠铬辉石、绿辉石、碱性角闪石类矿物,钠长石和沸石等多种矿物。当这些矿物的含量变化时,翡翠的物理性质等也产生变化,并形成不同的翡翠种类。目前市场上常见的翡翠种类有翡翠、铁龙生、飘兰花种、墨翠、干青种等,它们的矿物成分有一些差别,主要矿物的变化依次为硬玉→含铬硬玉→硬玉加绿辉石、钠长石或角闪石→绿辉石→钠铬辉石和钠长石。

第四节　翡翠的结构特征

翡翠行内有句俗话叫做“外行看色，内行看种。”在这里，翡翠的种(Species)是一个综合的概念，质地(Base Texture)的概念是结构(Structure)和透明度(Transparency)的集合概念，而种是关于翡翠的质地、结构特征甚至颜色和透明度的总体印象，即质地、颜色等概念的集合。为更好地理解翡翠种的概念，要从翡翠的结构谈起。

一、翡翠的结构

翡翠行家在探讨翡翠质量时，会考虑翡翠的细腻程度和韧性等，这些都与翡翠的内部结构有关。翡翠结构的研究可以给我们提供许多关于翡翠形成的地质过程和条件的有益的信息，在评估翡翠的质地时，翡翠结构的研究则是我们对翡翠质量进行分类的重要依据。从翡翠质地的角度来说，结构的重要性在于它对“玉德”即玉的性质的重要影响。玉最重要的特征便是光泽、温润、细腻、晶莹剔透、冰清玉洁等玉性，这些无不同玉的结构有着密切的关系。关于翡翠的结构，翡翠矿物之间的结合的紧密程度和矿物颗粒的大小、颗粒的均匀性等几个因素最重要，翡翠的颗粒度越小，越均匀，结合得越紧密，质地越佳，透明度就越好，光泽温润的外观就越好。

以肉眼观察为基础，可将翡翠的颗粒度划分为粗粒、中粒、细粒和微粒几个等级，颗粒度大于1mm为粗粒，小于0.1mm为微粒，0.1～0.2mm为细粒，0.2～1mm为中粒。粗粒者在肉眼下易见，细粒者在肉眼下已难辨颗粒大小，微粒者在肉眼下已看不到颗粒边缘，小于0.1mm的颗粒就是在放大镜下也难见到颗粒边缘。

有些翡翠整体上为细粒，但存在少量明显的大颗粒，我们把大颗粒称为斑晶，细粒部分为基质，同时把斑晶现象称为斑晶结构。

如果组成翡翠的矿物颗粒大而明显，传统上称为豆，豆有粗豆和细豆之分，并且有的显得较干，而有的透明度较好，透明度最好的可达到冰地，有的颗粒边界已经模糊。总之同样是豆种，质量也有好坏之分，豆的感觉明显，是质地不佳的表现，真正高档的翡翠应该在肉眼下没有豆的感觉。

二、翡翠的结构特征与质地的关系

1992年，尹宗烈对硬玉岩的岩石组构特征作了如下归纳。

硬玉岩无疑是属于变晶组构范畴，但较一般变质岩复杂，反映了硬玉岩形成的特殊机理。在一些样品中，常常出现静态变晶作用和动态变晶作用交织在一起的现象。一般来说静态重结晶或交代作用形成的硬玉岩，组构比较均匀，硬玉多为柱粒状，沿结晶 C 轴延伸特点不明显（图 4－3）。一些单矿物硬玉岩，常常遭受后期应力作用，会发生糜棱岩化（图 4－4），出现粒化或亚粒和一些残留"碎斑"，导致岩石粒度进一步变细，当应力达到一定强度，并伴随有热液活动时，则出现动态重结晶作用，此时沿结晶 C 轴方向生长的优势被激化，形成细的纤维状集合体。推测优质翡翠就是在这一作用下形成的。总的看来，这类单矿物硬玉岩的组构是不均匀的，在不大的范围内，就有明显的变化。

图 4－3　翡翠的细粒半自形等粒结构

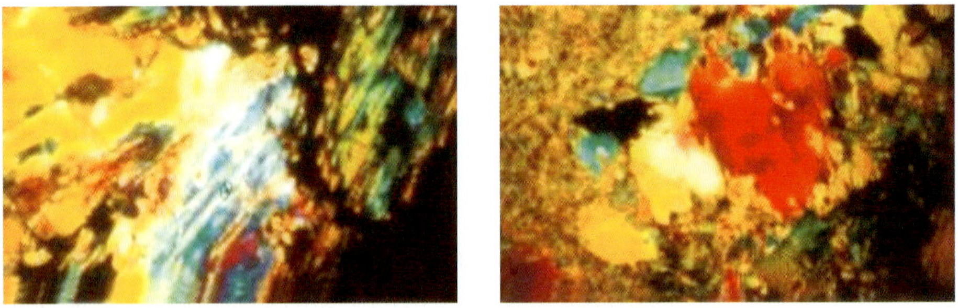

图 4－4　翡翠的定向排列和糜棱岩化

近年翡翠硬玉岩岩石组构特征的研究证实，翡翠的形成具有多期次的特征，质地差的翡翠，矿物颗粒较粗，不等粒或柱状镶嵌结构，镶嵌不紧密，如我们常说的豆种翡翠，颗粒呈短柱状，颗粒粗，透明度就差；而质地好的翡翠，颗粒变细，在区域动力变质作用下，形成微粒镶嵌结构或纤维交织结构，镶嵌紧密，成分相对单一，颗粒呈长柱状。冰种以上的翡翠就具有这一特征（图 4－5）。我们所说的玉性，其实就是岩石某些物理特性的表面特征，它依存于岩石的组构和矿物组成特点，认识这一点有利于我们利用玉性间的差异来鉴别玉石的种，对玉石进行经济估价。

图 4－5　翡翠透明度好坏比较

第五节　翡翠的透明度

一、透明度及其等级划分

翡翠的透明度(Transparency)是指物体透过可见光的能力。翡翠的透明度变化很大，从接近玻璃般的透明程度到不透明，透明度的不同对翡翠外观有直接的影响，是影响翡翠价值的重要因素。翡翠是多晶集合体，当然就不能像单晶体祖母绿那样透明。透明度较好的翡翠，具有温润柔和的美感，特别是玻璃种的晶莹剔透，动人心魄，尤其是进入翡翠内部的光再从内部折射出来产生民间所说的起荧现象时，更让人梦绕魂牵，难以释怀；而透明度差的翡翠，则显得呆板没有生气，很难引起人们的兴趣，故售价一般不高。

民间称翡翠的透明度为水头，用水头长、水头短来描述翡翠的透明程度。行业上常用挡光板或聚光光源等来观察光线深入翡翠内部的程度(图 4－6)，并根据光线在翡翠中深入的范围大小作出定量的评价，如果光线深入达 9mm，则称为三分水(一分水等于 3mm)，并以此将透明度划为透明、亚透明、半透明、微透明和不透明5个等级(表4－1)。

表4－1　翡翠透明度的划分

透明度	描　述
透明	似玻璃,无石花和棉絮等,透过翡翠的字迹可见
亚透明	有少量石花,透明度稍逊,透过翡翠的字迹呈模糊状
半透明	透过翡翠看不清字迹
微透明	边缘薄处能透光
不透明	如同石膏或粗瓷

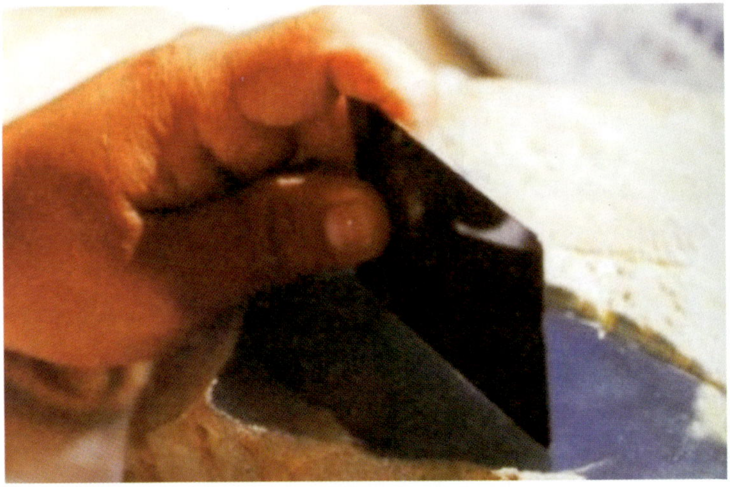

图4－6　通过挡板测水头好坏

二、结构与透明度的关系

水头与种即翡翠质地的致密程度及总的外观情况的关系也很密切,种越老,水头越好,玉性也就越好。而这些因素的物质基础,是翡翠的矿物组分与矿物结构。探讨玉性与岩石组构和组分间的依存关系时,须注意中间的"光学转换点"。现以翡翠的独特标志之一——水头(透明度)为例进行分析。已知在所有玉石中,翡翠的透明度是最高的。但玉石的透明度,不等于组成玉石矿物的透明度的总和,还应考虑两个因子数,即"粒间光学效应的强度"和"光线通过界面的次数"。而粒间光学效应的强度与界面两侧介质的折射率差值成正比;若玉石是单矿物岩,粒间不存在第二种介质时,粒间光学效应的强度应与矿物的最大双折射率成正比；若非均质矿物在玉石中呈定向的连生体，又会降低粒间光学效应的反差。透明无色的硬玉在含少量色素离子时仍能保持很高的透明度。硬玉的最大双折射率是很低的（0.006）。因此，由一单矿物硬玉岩形成的翡翠，其透明度胜于其他玉石。由此可进一步推出翡翠质地的“理论最佳点”：①组分要纯，粒间没有第二介质存在；②粒度不是越细越好，它的临界值是肉眼不能识别颗粒界限，10倍放大镜下有纤维状感，从而减少光线通过界面数；③结构要均匀，晶形以沿结晶C轴生长的纤维状集合体最理想，其粒间光学效应的反差小。此时，翡翠的质地细腻，透明度和抗碎强度达最高点，并出现一种准单体光学效应，在准单体光学效应的背景下，硬玉能达到最佳呈色点。这时若块体足够大，其他部位又协调得当，该翡翠可称得上稀世珍品。

有一种白色翡翠，其质地胜过其他各类玉石。白玉无瑕的基底上，点缀一些经“添白”的翠绿色，若两者衬托得当，则身价倍增。白色的翡翠是翡翠中一个不常见的变种，自然界不存在白色的色素离子或发色体，当透明无色矿物间的粒间光学效应达到一定强度时，就能形成一种近似自然白的色调。如方解石透明度是很高的，但从未发现有高透明度的汉白玉（大理石），纯的汉白玉呈瓷白色。方解石的双折射率达0.169 7，因而大理岩的粒间光学效应非常高。而硬玉颗粒间的光学效应强度，不足以使翡翠呈“白”，必有第二种矿物存在于硬玉颗粒间，增大粒间光学效应。这种矿物通常是钠长石，钠长石折射率大约为1.530，而硬玉大致为1.660，两者差值约为0.130，近似方解石的双折射率。因此，当有百分之几的细粒的钠长石较均匀地分散在硬玉颗粒间时，足以使整块岩石变白，虽透明度有所降低，但它的玉性仍具有翡翠的特点，质地类似于薄胎的细瓷，也很受欢迎。

玉石的通性是：质地细腻，具一定的机械强度和可雕琢性，抛光后有良好的色光效应。不同种类的玉石，又有其特殊的玉性；同一类型的玉石，其质量又千差万别。如高档翡翠颜色艳丽，质地细腻均匀，形似羊脂猪膘，透明感强，触表及内，无瑕疵，无绺裂和杂质。认识翡翠的内部岩石组构特征正是为了从本质上把握这种高档翡翠鉴别和评估的要领，将它们与翡翠赝品区分开来。

第六节　翡翠质地的划分

翡翠的质地也就是民间所说的底藏，意为藏在皮下的肉，肉的好坏决定了翡翠的价值，而它的好坏是由透明度和结构特征两个因素决定的，其中透明度是主要因素，结构特征即颗粒的大小与颗粒结合的紧密程度起主要作用，一般而言，透明度越好，颗粒越细，质地越好。人们常用玉润圆滑来形容美人的皮肤。比如说美如玉，就是指细腻、光滑、润泽，能达到这个标准，就是质地好。而质地差，就如老菜皮失去了水分干枯枯的没有光泽。因而，评价质地要将透明度和结构结合起来考虑，两者缺一不可。对翡翠系统地进行品质评估，就需要对传统的地子类型（图4－7、图4－8）从上述两个方面作出客观的分类。翡翠的质地从优到差可以分出玻璃地、冰地、化地、糯地、水豆地、豆地、瓷地、干豆地（表4－2）。

图4－7　翡翠的地子（从左到右依次为玻璃地、冰地、化地、糯地、冬瓜地、豆地）

图4－8　地子水头好坏的比较

（左为半透明的糯化地，右为不透明的芋头地）

表 4－2　翡翠质地的划分

质地类型	级别	特　征
玻璃地	优	透明(可达三分水)、细－微粒结构、外观均匀细腻、无云雾感,无石纹石花等杂质,如同玻璃
冰地(水地)	优	透明、细－微粒结构、略有云雾感、可有不明显的纹等杂质,蛋清地可划归此类
化　地	优	亚透明、中－细粒结构、外观云雾状、如泡开的藕粉,含传统的藕粉地、鼻涕地、冬瓜地等
糯　地	优～中等	半透明(一、二分水)、细粒结构、质地细腻无粒感、有油感、透明度比化地差,有时兼具化地特征合称糯化地
水豆地或细豆地(粉地)	中等	半透明、细粒或中－粗粒结构、外观上可见晶粒,界限模糊,似大米稀饭
豆地(沙地)	差	介于半透明到透明之间(一分水),中粗粒结构,晶粒明显
瓷　地	差	微透明,粗－细粒结构,粒度可较细,但透明度不好,且高级细瓷状带油感的不划归此类
干豆地	差	微透明到不透明,多为粗粒结构,晶粒边界清楚结构疏松

第七节　翡翠的几个重要鉴定特征

一、翡翠的翠性特征

由上述可知,翡翠是由无数小晶体组成的集合体。其中的辉石族矿物晶体的晶粒,在翡翠表面表现出一种用肉眼或放大镜可见的大小不同的片状闪光,这种像小雪片一样反光的特征就是翠性(图 4－9)。翠性是翡翠所特有的特点,也常是翡翠与其他外貌容易和翡翠混淆的绿色玉石以及翡翠伪造品的区别标志。例如角闪石类矿物软玉具有极细致的毡状结构,其纤维甚至放大 50 倍也无法辨认,而在同样倍数的放大镜下,最细粒的翡翠也可清楚地看到连生在一起的组成镶嵌结构的颗粒。翡翠中基本晶体的粗细决定了翠性的大小,晶粒大则翠性大,晶粒小则翠性小。翠性大则翡翠质地粗糙,表现为半透明至不透明;

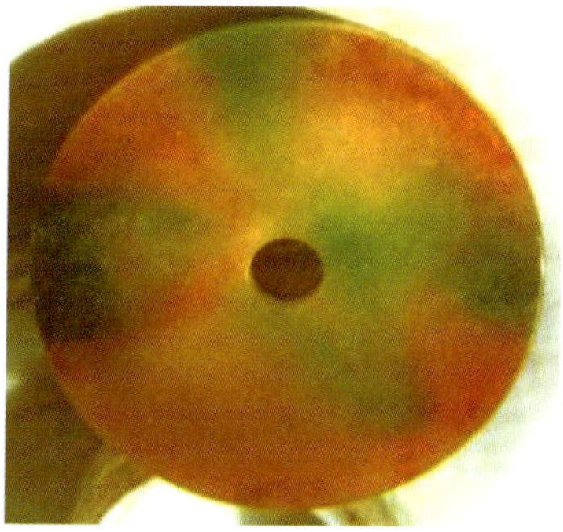

图 4－9　翡翠表面的片状闪光
——翠性特征

翠性小则翡翠质地细腻,表现为透明或半透明。翠性大小亦有不同名称,反光大的叫雪片,小一点的叫苍蝇翅或蚊子翅,最小的叫沙性或沙星。

二、桔皮效应

翡翠的抛光表面上常常像桔皮似的起伏不平,产生这种现象的原因在于组成翡翠的硬玉晶体的性质和结构。在翡翠中硬玉颗粒的排列方向不一致,即便有一定方向性也不会完全排列一致,因而有的柱面平行表面,有的与表面斜交,有的垂直表面。由于柱面垂直表面的颗粒硬度大,而柱面平行表面的颗粒硬度小,当用传统的抛光技术抛光时,较软的颗粒就会因磨损大而下凹,这样就产生了桔皮效应(图 4－10)。根据下凹表面的大小和形态,可以识别翡翠的结构特征。图 4－11 的表面特征就是一种典型的桔皮效应。

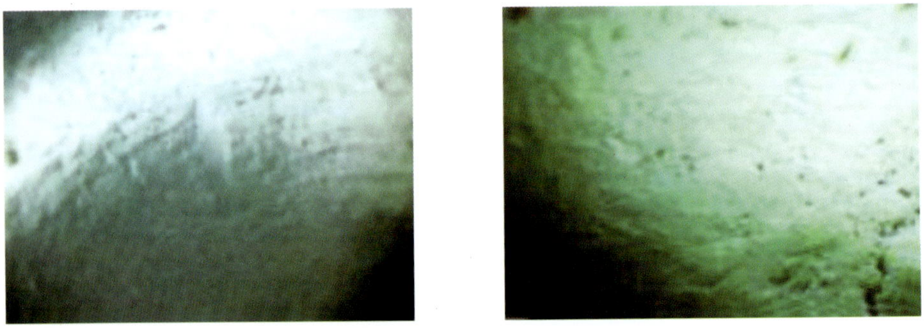

图 4－10　天然翡翠表面的桔皮效应

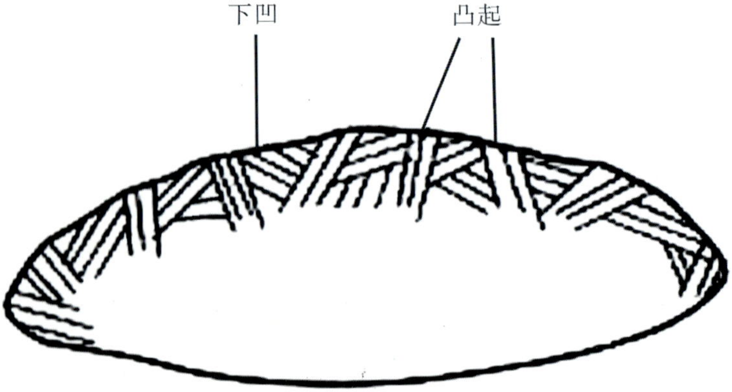

图 4－11　桔皮效应的成因

三、豆—粒状特征

所谓的豆是指组成翡翠的晶粒因边界明显而出现的“豆”的现象。当翡翠的结晶颗粒粗大或镶嵌不紧密、边界平直，以及晶体排列的方向性不一致时，较易产生这种现象（图 4－12）。

豆状现象常出现在透明度不好的翡翠中。不同排向的晶体在光线下的闪光特征有差异。也有一些翡翠，虽然结晶颗粒粗大，可分辨出晶粒，但边界模糊，是由于重结晶作用使颗粒紧密结合，从而使透明度得到改善。豆粒状特征也是翡翠的重要鉴定标志之一。

图 4－12　结晶颗粒较粗时的豆感

四、翡翠的光泽和起荧

翡翠在光学上一般表现为玻璃光泽和珍珠光泽。光泽是表面反光产生的现象。抛光良好，质地致密的翡翠，由于表面光滑，可呈玻璃光泽。质地疏松的翡翠受粒间间隙和桔皮效应的影响，光泽较弱，呈亚玻璃光泽。冰种以上的翡翠，可见珍珠光泽或起荧的现象，给人一种朦胧的美感。这种现象取决于翡翠表层的结构特征，宝玉石的特殊的光学效应如珍珠光泽和起荧等往往与内表层光的衍射有关。另外，在少数情况下，还可以感觉到翡翠表面像羊脂白玉那样的油润感。而这种油润感往往与毡状结构有关，只有在颗粒细得恰当而且颗粒度又比较均匀的情况下才有这种感觉。我国古代的先哲早就注意到了这种现象，将这种美感与人的品德联系到了一起，提出了“玉德”之说。

第五章　翡翠鉴别

第一节　原石鉴伪

在翡翠原石和成品交易中，作假由来已久，手法五花八门。当然，可以利用先进的鉴定技术方法来防伪、打假。赌石作为翡翠原石有其特殊性，因此赌石的防伪也大有学问。针对不同的作假手法，对赌石的鉴定也要"对症下药"。

一是造假皮壳（图5－1）。将次料、废石、假货粘上优质翡翠皮壳，再放入经过酸、碱浸过的土壤中埋上，使之变为"真皮"。鉴定时，首先要用水清洗干净，检查皮壳的每个点、面，不放过细小的孔、缝、洞，并对比颜色和粒度的变化。泡水试验时，假皮壳处会见到皮壳不吸水或者在紧密的沙发处有水冒出的现象。

图5－1　造假皮壳的翡翠毛料

二是造假开口。在无色、种水差的低档赌石上切个小口，粘贴高翠薄片，以劣充优。鉴定时，应仔细检查开口（门子）周边的粘合痕迹、缝隙形态。

三是造假心子。将高档翡翠挖心取出一部分，留下靠皮部分高翠，再注入铅等物质后，密封好切口。鉴定时，测一下质量，过重或过轻都可能是假心货。对于外皮上的疑点，可用改锥、刀子划，看是否有软性物或粘贴迹象。

四是作假颜色(图5－2)。用焓色、染色等方法,使无色或淡色料变成鲜艳翠绿色。此外,还有涂漆、涂蜡、涂泥等方法。鉴定时,用滤色镜、放大镜看色的分布变化。人工着色的在细小的裂绺中会显得色重,其他部分则色淡或无色。经洗刷、稍加温后,可再观其变化。

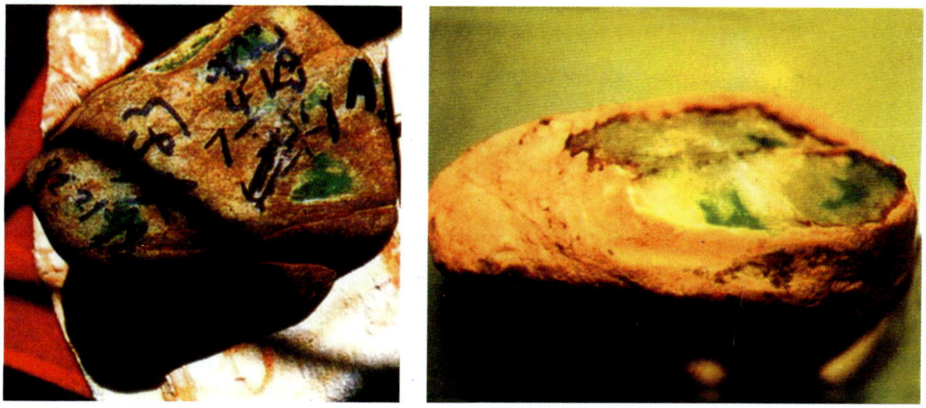

图5－2　皮壳真假颜色比较(左:皮壳上作假色;右:正常色)

翡翠人工改色的方法主要有3种:一是有机染料改色;二是镀膜或电镀;三是高能粒子“轰击”改色。人工改色翡翠的绿色均匀,有一定深度。在翡翠原石上加色特点是:

1. 加热翡翠染色,也称焓色。通过加温把颜料加进硬玉浅部。此法简单,目前多采用此法作假。即把水头足的下等玉料,加热到212℃,随即放入铬盐中浸泡2h,铬盐就在玉石的晶格中渗透并沉积,这时一块下等玉石就变成了晶莹翠绿的染色翡翠了。它的特征是翠里带黄;绿无光泽且发呆,用火烧之马上褪去,或在滤色镜下呈紫色。

2. 辐照改色是用高能粒子“轰击”改色。用高能粒子“轰击”硬玉,可使硬玉颜色变浓艳,且色较均匀,有一定的深度。切开辐照改色翡翠后绿色围绕表皮呈环带状、斑块状。肉眼观察翠绿动人,透明度好,但翠里透蓝,它的皮有被轰击的遗迹,皮色往往比未被“轰击”的地方深一些。加盐酸或用火烤很快褪色,在滤色镜下呈紫色。

各种染色或改色翡翠共同特点是:其一用透明度好的硬玉作饵料;其二是染过色的硬玉不敢切片开口。

其他原石作假的方法还有一些,如造假蟒带、作假松花等等,因此对蟒带和松花也不可掉以轻心,要仔细鉴别。有时一块翡翠从外表观察很好,但打开后与原来想象的完全两样，为掩盖真情，又原封不动地粘合起来。这种硬玉在观察时，一旦在表皮发现疑点，最好不要问津。

第二节　翡翠 ABC

翡翠的美丽使不少人为之倾倒，也使一些不法分子为之铤而走险，采取各种手段作假。于是市场上就出现了 A 货翡翠、B 货翡翠和 C 货翡翠，为便于识别，先介绍 A 货翡翠、B 货翡翠、C 货翡翠的特点，然后再介绍这些高档次全绿翡翠的 B、C 货的识别方法。

1. A 货翡翠（Actual or Natural Jadeite Jade）。翡翠的原料及成品，全为真品，没有一点作伪，货真价实。高档翡翠具有财产性、保值性、投资性，不但是物质财富，也是精神上的财富。因为这类高档翡翠制品十分稀少，而且愈来愈少，致使许多做翡翠贸易的人，也很难遇到这类产品。它的价格节节上升，致使一些最高档次的翡翠制品，如手环、马鞍戒戒面、项链及一些翡翠艺术品，价格可达几十万到几百万港元，甚至上千万港元（图 5－3）。有些富翁为追求这类成品，达到了疯狂的程度。

图 5－3　价值 390 万元的翡翠 A 货蛋面，呈明显玻璃光泽

2. B 货翡翠（Bleached Jadeite Jade）。对底灰黑而脏、水差，但绿好而色正的中下等翡翠原料或成品，进行物理化学的处理。除去它的脏，增加它的水——透明度，使它改变了底和水，更能衬托原有的绿。这种经加工但没有人工上色者称 B 货翡翠（图 5－4）。对 B 货翡翠进行物理化学处理目的是提高翡翠的档次，但经过处理的翡翠结构受到破坏，致密程度降低，整体上变得疏松，一些光学及物

理性能被改变，由此完全不能与未经处理的翡翠相比，价格要低很多。

3. C 货翡翠(Coloration Jadeite Jade)。处理方法同 B 货翡翠，不同之处为因翡翠上可能无色或绿较浅淡或绿较散，又用人工方法加了色，这种翡翠称 C 货翡翠(图 5-5)。前面的皮壳造假色即可称为 C 货翡翠。

B 货翡翠与 C 货翡翠之区别在于，B 货翡翠只去脏增水而不人工上色，而 C 货翡翠有时既要去脏增水而且要人工上色，若底净水好的硬玉可直接上色。

图 5-4　B 货翡翠

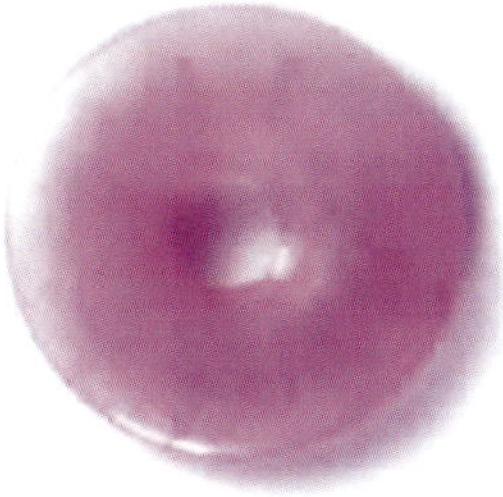

图 5-5　C 货翡翠

第三节　B 货翡翠的识别

全绿而色正，水好而底净，无裂而通透的高档翡翠十分少有，而且价格升幅很猛，供不应求。而绿多色正，但水差底发灰黑的翡翠料又较多，且价格低。人们就想办法，使这类翡翠增值。据悉，B 货翡翠是 1985 年下半年才逐渐从香港进入市场的，但实际上我国西南某省在 20 世纪 80 年代初，就有人试验 B 货翡翠了，而且相当成功。只是人们不认识，还识别不了而已。目前中国香港和国内做 B 货翡翠的方法不尽相同，但手法愈来愈高明，很难鉴别。

一、B 货翡翠制作过程

做 B 货翡翠的手法是：把那些有杂质、要处理的翡翠放入强酸内加热几个小时或几天不等。经常观察去脏变化情况，一旦灰黑杂质去掉后，绿不但不会除掉，而且由于翡翠的透明度——水的增加，更加衬映色的翠绿华丽。

由于强酸腐蚀，使翡翠尤其是表面及浅部留下了一些腐蚀孔隙。故而选用或配制与翡翠底一样色调的胶(环氧树脂及各类各色的胶)，在高温高压下和抽真空的条件下，把胶压入微细裂隙中充填，最后上蜡，增加光亮，这样 B 货翡翠就做成了。B货翡翠初看美观透明，但耐用性差，几年后即失去原有的光泽，变得很丑。为更好地认识翡翠B货，让我们更深入地看看B货翡翠是如何制成的。

1. 选料。选择颜色尚可，质地不太缜密（这样酸液才能渗入翡翠组织之间溶蚀杂质）的玉件或原料备用。过去主要选八三玉作原料，这种玉呈灰白色、质地粗而疏松，不透明，很适合做B货。现在油青种或其他品种的料有时也拿来做B货，以增加这些料外观的美丽程度。

2. 酸洗。将制作件投入盐酸或硫酸溶液中浸泡相当长时间。由于酸的作用，溶除了翡翠之中的杂质，同时，也使翡翠原来紧密的结构受到破坏，而变得很疏松。在颗粒与颗粒的边沿空隙变大或互相相连。

3. 中和、清洗。使用一定浓度的碱液清洗翡翠玉件，使进其组织内部的酸得到中和，再用清水泡洗，为注胶作好准备。注意这种中和作用有时是不完全的，会有一些酸的残留。

4. 注胶。在高压条件下注入透明度佳、粘结力强的高分子聚合物，通常使用环氧树脂、邻苯二甲酸类化合物、聚苯乙烯等作为灌注、充填物。

5. 加热固化。包住注过胶的翡翠，置微波炉中加热，使进入翡翠内部的胶液固化，同时也使多余的胶液流出。

6. 修饰。用力将肉眼或镜下能看到的、凸出于外的胶料刮去、修除。到此，一件漂亮的翡翠处理品就制作出来了。

二、B货翡翠的识别方法

强酸腐蚀后的翡翠表面，将留下凹凸不平之腐蚀痕迹，侧光用10倍放大镜或宝石显微镜观察，见表面凹凸不平，像人身上起鸡皮疙瘩似的，并略有洗去光泽者或在宝石显微镜下见微裂隙内有异样闪亮者，可能为B货翡翠。由于酸沿着矿物颗粒腐蚀翡翠，在翡翠表面形成了网状、港湾状、弯曲相连的腐蚀结构，这种结构被称之为酸蚀网纹（图5-6），对B货翡翠鉴定有诊断性的意义。

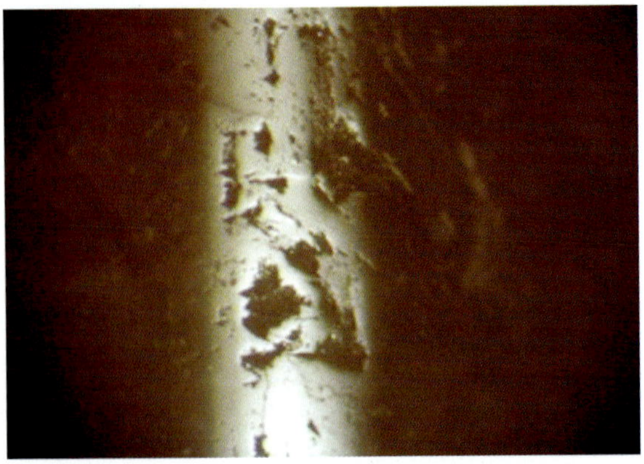

图5-6　B货翡翠的酸蚀网纹

其他的主要鉴定特征还有:

(1)B 货翡翠成品浅部直接和强酸接触部分,因腐蚀作用,较为通透,但愈往里愈变得混浊不清者为 B 货翡翠。

(2)用火烧之有异味且有变黄变褐者为 B 货翡翠。

(3)原生翡翠的底与色分布自然相互配合,而强行处理过的翡翠的底及水与天然庄重的绿色相配合,有头重脚轻之感,很不自然。外来物质的加入还会引起色根的发散现象。

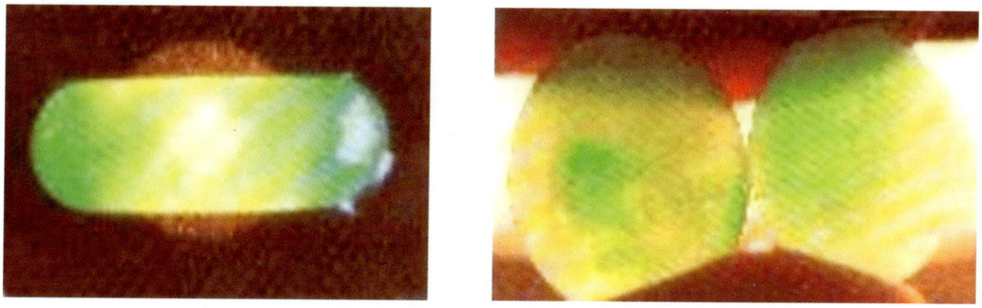

图 5-7 B 货翡翠的鉴定(左:翡翠 B 货注胶后透明度增强,但此时底和水为人工所至,与天然绿色不协调,故闪光较特殊;右:翡翠 B 货在强光透过时绿色有飘浮感,镜下表面凹凸不平。)

(4)高档手环,在无裂的情况下(而且一定要无裂时)可两只轻轻对碰,声脆者为真,反之可能为 B 货翡翠或 C 货翡翠。

(5)B 货的小裂隙内充填着各类不同的胶质物,故严重影响它的折射率。凡翡翠的折射率不在 1.66 标准线上时,哪怕有小数点后两位数的差别,也可能为 B 货。

(6)B 货翡翠的密度也有所改变,主要是密度变小,但测试密度误差难掌握,只作参考。

(7)因用强酸腐蚀又充填了胶,由于酸的浓度不同、时间的长短不一、胶的品种也不同,故在分光仪中,会在红色区段出现一至几条黑色谱线,与天然翡翠的标准谱线不同者为 B 货翡翠。

(8)A 货翡翠和 B 货翡翠在查尔斯滤色镜下不变色。

(9)天然的翡翠在紫外荧光灯下不发光,而 B 货翡翠内的充填物会发出蓝白色的荧光。但墩蜡的翡翠也会发荧光,要注意区别两种发光的不同特征。B 货翡翠的荧光较强,而且往往通体发光,而浸过蜡的翡翠的荧光沿表面的坑洼分布。

第四节　C 货翡翠的识别

实际上鉴别 B、C 货翡翠是同步进行的。首先鉴定翡翠成品及底料是否为硬玉，若为硬玉，再用查尔斯滤色镜观察，是否变红、紫红或暗红，变色的就一定是 C 货翡翠(图 5－8)。把不变色的翡翠(不能说不变色就不是 B、C 货翡翠或假货)，再用识别 A 货翡翠、B 货翡翠的方法去鉴定，最后就能鉴定出 C 货翡翠来。

(a)B 货翡翠　　(b)C 货翡翠

图 5－8　仿飘兰花 B、C 货翡翠

C 货翡翠最大的特点为人工上色，故需抓住一个“色”字，所以滤色镜在目前对鉴定 C 货翡翠还是有用的。但作伪方法发展很快，有许多 C 货翡翠及假货在滤色镜下并不变色，这就应采用多种方法来识别，只要其中有一种方法在鉴定中有疑问时，就要小心了。

凡翡翠成品的绿像蜘蛛网似的丝，底与水又显得很“空”时，十有八九为 C 货翡翠。C 货翡翠的绿，没有天然翡翠那样绿得大方自然，它往往显得呆板混浊。用火烧会马上褪色，时间长了也会褪色变黄。

C 货翡翠成品的表面，绿较浓艳，愈往内愈显得浅淡(可用宝石显微镜对成品自下而上进行仔细观察)，C 货翡翠这种现象很明显。把翡翠放入一溴苯中，若翡翠的绿模糊不清，不是 C 货翡翠；若隐约可见绿色调，就是 C 货翡翠。也就是说 C 货翡翠的折射率与天然品有差别。

人工染色有两种类型，一是在白色翡翠上染绿色或紫罗兰色；另一种是在具有天然淡绿色的翡翠上适当地加上绿色，使之更艳丽。这种人工染色方法，其染色翡翠的绿色都浮在表面，呈细点状或沿裂纹分布，无色根，常偏黄或偏蓝，故也称为“邪色”。

第五节 硬玉多层石

硬玉多层石（Multilayered Jadeite）是将透明度好、色差或无色的硬玉切片粘合在涂有绿色染料的（也可能是绿色玻璃等）劣等硬玉上，再用人工造皮把粘合处伪装起来。我们把两层硬玉粘合的叫硬玉二层石，把三层硬玉粘合的叫硬玉三层石。这种作假方法在原料和翡翠成品特别是戒面上都有。

一、硬玉二层石

其作假方法及辨别如下：

（1）用一块极差的硬玉作主体并切开一片，于主体硬玉切开处涂上绿色染料或绿色物质，再切一块透明度好、色差的硬玉薄片粘合在主体硬玉切开处，并在上切口或擦出小窗供人观察，最后在粘合处人工造皮。

（2）翡翠戒面或其他翡翠制品二层石，主体选用绿好、透明度差的成品，于上面粘合一薄层特级天然翡翠，粘合十分完好，不细心的人容易上当。若用放大镜观察可看出粘合线，也可把戒面或成品从饰物上取下，用镊子夹住放入清水容器，从腰部方向观察，即可看出粘合情况，因各层在水中所显示色彩有所不同。

（3）在一块透明半透明无色的硬玉原料上，钻上一个到几个孔，此孔十分靠近表皮，于孔中加绿色涂料或绿色制品，最后用同皮一样颜色的泥沙把孔封死，皮上擦口以便观察内部绿色。

（4）在特级翡翠原料上作假，切开特级翡翠，拿出有翠部分，并在靠皮处留下些翠，在留下翠部分上开一薄片，以便让人观看，而内部贯入铅块。此种作假很难察觉，用折射仪、查尔斯滤色镜、分光仪等也难辨真假。但可测试密度，发现不符，此玉可能有假。也可小心观察表皮，并用小刀刻划表皮找出较软的粘合线，也是容易察觉的。

二、硬玉三层石

其作假方法与硬玉二层石大同小异，是在两块硬玉之间粘上薄薄一片很绿的翡翠或一片绿玻璃，两块硬玉其中一块要薄一些，透明度要好些。再在粘合处人工造皮。这种三层石小心观察可找出粘合线，用聚光电筒从切开处或擦口处照下去，一般光线只在粘合薄翡翠或绿玻璃上移动，光束不下沿。另外，有的三层石是在绿色物质上面粘上一片透明度好的无色翡翠，故在观察时“翠”色部分是底面上透上来的，翠不在表面。

对翡翠原料来说，不论硬玉二层石还是三层石，均须人工做皮及粘合，这就会在粘合面内留下空气，即使粘合技术再高明也在所难免。若这类玉石体积较小(高档色料一般体积小)，可把玉石置于60℃左右的温水中，粘合部分沿粘合线会有气泡溢出，据此可判定为假。但水温不可太高，否则会软化黏液使粘合部分脱落。

第六节　其他玉石假冒翡翠

翡翠的稀缺使得社会上一些不法分子铤而走险，用各种杂玉冒充翡翠，行内把这种假冒的翡翠称为D货，用于同A货翡翠、B货翡翠、C翡翠相区别。而同时作结构和颜色处理的称为B+C货，加色的杂玉称为D+C货。

1. 独山玉假冒翡翠。南阳独山玉是我国的一个古老玉种，多含黝帘石，硬度与翡翠基本相同，颜色、质地、密度与翡翠相差不多，极易混淆(图5-9)。主要区别：①翡翠颜色为纯正绿色，独山玉颜色可分两类；水头足者绿中多闪蓝，水头不足者绿中多带黄色，色形特点有差异。二者同时放入一溴苯内，翡翠只见边缘不见整体，而独山玉在一溴苯内清楚可见；二者放入二碘甲烷中，翡翠悬浮于中央，而独山玉则上升，浮于液体表面；②独山玉难有雪片、蚊子翅等翠性，有时也有针尖小光，但仔细观察发现与翡翠有别；③独山玉相对密度为2.9，比翡翠轻。

图5-9　绿色的独山玉

2. 河南玉假冒翡翠。主要区别为：①河南玉绿中有一种色灰之感，为灰绿的邪色，颜色均匀，无明显的色形、色源；②河南玉断口较平坦，且有一种沙性特征，翡翠断口为暗碴参差状；③河南玉相对密度为2.65，明显轻于翡翠。

3. 绿玛瑙假冒翡翠。绿玛瑙与翡翠的主要区别为：①绿玛瑙绿中闪蓝，带邪色，颜色均匀，通体一色，无明显色形、色源；②绿玛瑙没有翠性的闪光特点；③绿玛瑙断口为半闪亮碴口，贝壳状；④绿玛瑙相对密度为2.65，也明显轻于翡翠。

4. 澳洲玉假冒翡翠。澳洲玉是一种绿色玉髓(图 5－10),较绿玛瑙更似翡翠,主要区别有:①澳洲玉的鲜绿色中闪黄而透嫩,颜色均匀,无色形特点及色源;②澳洲玉亦无翠性表现;③澳洲玉断口为参差状至平坦状,翡翠断口亦呈参差状,但带有翠性闪光;④澳洲玉相对密度为 2.6 左右,比翡翠轻。

图 5－10　绿玉髓

5. 碧玉假冒翡翠。碧玉(指软玉中的碧玉)在一般情况下较易与翡翠区别(图 5－11)。但上好碧玉其颜色、硬度、密度等与翡翠相差不大,容易混淆。主要区别:①碧玉无雪片、苍蝇翅等翠性表现;②翡翠一般不带黑点,有黑点时,亦多呈圆形点状,碧玉却很少不带黑点,且形状多为不规则棱角形;③翡翠颜色艳绿,碧玉颜色多显闷滞,无祖母绿色调;翡翠具有色形、色源,而且有绿筋;碧玉颜色较为均匀,无色形、色源;④翡翠底张多显晶莹剔透,而碧玉质地则感匀润而性柔。

图 5－11　软玉中的碧玉

6. 贵翠假冒翡翠。贵翠又称石英岩,产地贵州、云南,缅甸也有产出。贵翠绿多为淡绿,次为翠、葡萄绿,均带蓝味。贵翠一般呈花斑状、带状、云雾状,粒度粗,常带砂眼。其他如折射率、密度、硬度等方面差别也大。边境常出现透明度好的绿石英岩,常有人出高价当翡翠购买。

7. 贡翠假冒翡翠。云南高黎贡山产一种绿色大理岩，透明或半透明，绿色均匀，比翡翠色淡，密度、硬度均比翡翠小。贡翠遇盐酸会起泡，易区别。

8. 硬钠玉假冒翡翠。硬钠玉岩为硬玉—钠长石岩（图 5－12），是纯翡翠岩的围岩，呈构造角砾状，产于翡翠岩外带的镁质钠铁闪石集合体内。内含钠长石成分高，含铬大于 3.75%，而翡翠含铬一般不超过万分之几。硬钠玉绿多为鲜绿，不透明或微透明。折光率1.52～1.54，比翡翠低，相对密度为2.46～3.15，裂纹多，无皮或皮薄。

9. 料石假冒翡翠。这类料石即绿色的玻璃、烧料或瓷等，也是一种常见的翡翠赝品，主要区别是：①料石颜色虽绿却死板呆滞；虽透明却少晶莹。颜色形状不自然，为搅拌状、均匀状或点状；②料石玻璃性，断口为亮碴贝壳状；翡翠为玉性，断口为暗碴参差状；⑧料石内常有明显气泡，与翡翠包裹体明显不一样；④料石硬度 5.5～6，低于翡翠，密度也低。

图 5－12　硬钠玉

10. 马来玉。马来玉为染色石英岩，用染有铁质的铬盐类颜料染成，尽管外表与翡翠极品没什么大异，但在 10 倍放大镜下观察，可见到颜色包藏在石英集合体裂缝中，其绿色呈网状，且不均匀，无色块和色根，密度较小。根据颜色分布特征可以较容易地鉴别出马来玉（图 5－13）。

图 5－13　马来玉中绿色的丝状分布

11. 水沫子。颜色总体为白色或灰白色，色带较少且分布不均，一般在 10% 左右，色调偏蓝偏暗。在玉件中还可见到一些大大小小不规则和不透明的白色斑块，俗称“白脑”，稀散时则称为“棉”，在蓝绿色底子的映衬下，酷似水中翻起的泡沫，这也是“水沫子”之所以得名的原因（图 5－14）。“水沫子”呈玻璃光泽，透明至半透明，总体结构为粒状变晶结构，局部为斑状变晶结构，块状构造，颇像水头好、带蓝花的翡翠。钠长石硬度为 6，因水沫子为钠长石结合体，硬度略小于 6，在 5.5～6 之间。

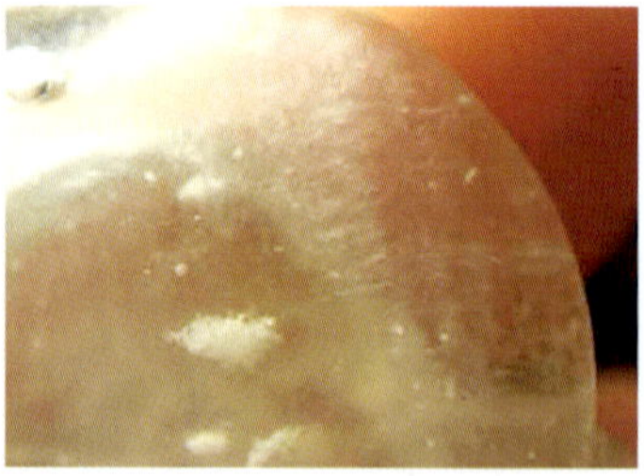

图 5－14　水沫子

12. 沫子渍。主要成分为钠铬辉石，含一定量的钠长石，随着钠长石的增加，干涩的沫子渍开始恢复玉性，这时就成了钠铬钠长石玉，这就是猫色色也叫摩西西，钠长石含量大于50%。

沫子渍（图5－15）常被做上假皮露出一些很绿的部分，冒充翡翠。

图5－15 沫子渍

13. 岫玉假冒翡翠。辽宁岫岩县产蛇纹岩玉，颜色为果绿色、黄绿色、白色、褐黄色、黑色及各种杂色，果绿色、黄绿色、白色者，颜色较均匀，质地较细腻，透光观察可见水波纹。可见絮状物和黑点，蜡状光泽，折射率约1.56，硬度5～5.5。根据岫玉特有的光泽及块状白棉特征，可将其与翡翠区分开来（图5－16）。

14. 东陵玉假冒翡翠。东陵玉实际上是一种石英岩（图5－17），其中含有片状铬云母包裹体，这些铬云母片的分布有一定的方向性，故绿色成小片状分布，云母片在光线照射下闪光，类似于翡翠的翠性，其整体特征与翡翠有很大的差别，绿色在查尔斯滤色镜下变红，相对密度2.6左右，折射率1.55，较易与翡翠区分开。

图5－16 岫玉

图5－17 东陵玉

第七节 可能与翡翠相混的绿色宝石

宝石是单晶矿物，有经验的人很容易将它们与翡翠或其他玉石区分开来，但对于初入道的人来说，有时也会搞混。一般来说，用偏光仪就可把宝石和玉石区分开，如果是各向异性的宝石，还可根据不同光性方位上颜色的差异，借助二色镜来鉴别。

1. *葡萄石*（图 5－18）。葡萄石是一种硅酸钙铝矿物，晶体多呈葡萄状、钟乳状及粒状集合体。透明至半透明，颜色由黄绿色、褐黄色、灰色、白色至无色。多产生于蚀变的辉长岩、辉绿岩等基性火成岩中，是基性斜长石经热液蚀变的产物。可能与翡翠相混的绿色葡萄石常呈油脂绿色。硬度 6，相对密度 2.87，折射率1.61～1.64，玻璃光泽。

2. *铬透辉石*。一种富含铬的透辉石矿物，颜色有绿色、黄褐色、黑色，颜色随晶格内铁含量的增高而变深（图 5－19）。折射率1.67～1.70；相对密度 3.30（3.26～3.32），用二色镜或偏光仪进行检测，多色性明显。放大观察可见双影像和晶体包裹体，星光透辉石可见黑色的拉长状磁铁矿。

图 5－18 葡萄石

图 5－19 铬透辉石

3. *翠榴石*。化学成分为 $Ca_3Fe_2(SiO_4)_3$，因此又称为钙铁榴石。硬度较低，只有 6.5。特征为独有纤维角闪石，即是石棉纤维特性的包裹体，呈马尾状或辐射状排列。这是分辨翠榴石的重要依据。

4. *半透明的祖母绿*。祖母绿是一种铍硅酸盐，透明的不容易与翡翠相混。质量不高的半透明祖母绿因含包裹体，看似翡翠，但无翠性和豆，无桔皮效应，绿色分布均匀。密度与折射率也有很大差异，祖母绿的相对密度 2.8，折射率1.56

~1.58。

5. 橄榄石。橄榄石和翡翠的差别大一些，但还是有人把色浓些的大颗粒橄榄石当成翡翠。

橄榄石（图5-20）的主要鉴别特征：一是它特有的橄榄绿；二是双折射：1.655~1.69，放大观察刻面棱角有双影；三是密度较大，在二碘甲烷中缓慢下沉。

6. 绿色钙铝榴石。黄绿色，光泽强，反光效果好，常含气液包裹体。折光率1.76~1.73，硬度7~7.5，相对密度3.61（图5-21）。

图5-20　橄榄石

图5-21　绿色石榴石

第八节　翡翠鉴定要领总结

一、基本要领

现将翡翠鉴定的要领总结如下：

1. 掂试重量。翡翠相对密度在3.3~3.36之间，赝品除美国加洲玉、南非特兰斯瓦尔玉相对密度在3.25~3.48间，与翡翠玉相似外，其他玉类都较轻，特别是烧料、翠玉、信宜石等掂在手中，不像翡翠有沉重之感。

2. 辨别色泽。翡翠有不透明、半透明和近乎透明等，颜色艳美，光泽喜人，不易变色，且浓淡均匀清澈，天然而成，晶莹凝重。天然的、未经人工处理的翡翠A货无论其石质，还是颜色都保持天然本色，翠绿欲滴，绿得像雨过天晴时的冬青叶和芭蕉叶，且不易变化，B+C货和C货翡翠都经过人工染色处理，绿色显得不自然，呆滞、发邪、漂浮而无色根，日久天长会变色、褪色。在颜色的分布上，料翠是一片过，即无色根，无色头色尾之分。南非玉混浊带黄，在黑暗处用灯光照，绿色不见而呈现黄色；电镀色玉的色泽是绿带浮蓝，色中有蓝点蓝丝，且有些黄气，颜色远不如天然翡翠的翠绿，如有裂纹，其蓝丝更为显现；而天然翡翠的颜色在裂纹内外均相同。电镀色玉放置日久，其颜色会褪，渐渐变为黄色、蓝色、白色，如用沸油煎之，绿色全部褪尽。染色翡翠，用棉花棒沾上涂改液一擦，马上就会变成蔚蓝色。美国马萨秋赛茨公司用放射性辐射处理的翡翠玉石，颜色鲜艳。

3. 察看包裹体。料翠内多有气相包裹体，人造玻璃的包裹体为圆形、棱形，天然翡翠没有气泡。

4. 检查硬度。翡翠硬度6～7，晶体结构紧密，质地坚硬，敲击声音低而坚。烧料翠玉质松，硬度4～5，断口同玻璃一样，刀刻有痕迹，而天然翡翠是刀划不入的，料翠的敲击声清而脆。

5. 观察玉的结构特征。仔细查找翠性、橘皮效应等翡翠的诊断性特征。B货翡翠常出现网状、港湾状或弯曲裂纹，这是B货翡翠的可靠鉴定标志。

二、实验室鉴定步骤

在有实验条件的情况下，对翡翠的鉴别可按以下操作步骤进行。

（1）将待检测的玉件放在荧光仪暗箱中，用长短波紫外荧光照射，观察玉件的发光特征，有充填物的玉件会发出蓝白色的荧光，荧光的强弱因充填物的种类和充填程度有所不同，有的整体发光，有的只有局部发光。一般经酸洗充胶的B货翡翠发光比较均匀，有的通体发光，而墩蜡的玉件一般在浅表处发光。

（2）有蓝白色荧光的翡翠应仔细观察翡翠的结构特征，看是否有呈港湾状、网纹状的酸蚀纹或孔存在，一般结构粗的B货翡翠网状纹较明显，而用种好的料做的B货翡翠难观察到相连的网纹，但在表面会留下许多类似针刺过的孔洞。这时基本可将之判为B货翡翠。

（3）对通过步骤（1）和（2）检测的翡翠进行相对密度测试，正常情况下翡翠的相对密度在3.33以上，如果相对密度在3.2～3.4的范围内，即可将之判为A货翡翠。

另外，要注意对浸蜡处理的有缺陷的翡翠制成品的观察。对有裂纹的手环、戒面、小挂件等，通常通过高温高压处理，使蜡制品在高压下挤进翡翠裂隙内，通过抛光不留任何痕迹，使这些有裂的翡翠制品看上去完好无缺。这时可用放大镜仔细观察识别。但不要把这些贯入翡翠裂隙内的蜡制品，误认为是原生绵绺。也可两只手环轻轻对碰，声发闷无脆响者即为作假翡翠。

第九节　人工处理翡翠新趋势

随着翡翠市场的发展，人们对传统的人工处理翡翠已经有了一定认识，相对容易鉴别，但人工处理翡翠的方法在不断地推陈出新，造假技术越来越高明，假货越来越逼真，让人防不胜防，对此必须保持高度警惕，才不至于受骗上当。

概括起来，人工处理翡翠有以下几个新的发展趋势：①翡翠注胶由低强度有机胶向高强度有机胶变化；②处理品种由单一向多品种变化；③染色由天然翠绿色向低品质油青色和蓝水翡翠方向变化；④从整体染色向局部染色——仿飘兰花；⑤先染色，后注胶，或注有色胶，染色后将裂隙中的色洗去，故意留裂纹，等等。

翡翠 B、C 货不再局限于仿高档翠绿色翡翠赝品，市面上大量中低档翡翠制品中出现了人工处理翡翠，对这一点应当提高警惕，其中有些用查尔斯滤色镜观察，可以见到绿色变成紫红—暗红色的现象，但对不变色的也须警惕，从多个方面进行鉴别。

第六章　翡翠评估

大家对钻石的4C标准可能都不陌生，但有人常错误地将翡翠的A、B货概念与翡翠质量好坏联系起来，以至于把翡翠A、B、C货说成A级、B级和C级翡翠，这是将翡翠的人工处理和颜色真伪等概念与翡翠的品质好坏混为一谈。其实好的B货翡翠价值可以远好于劣等的全天然未经处理的硬玉岩石即所谓的A货翡翠，A货翡翠的价差可以达到1万倍以上，因而在翡翠商贸中，认识手中的翡翠毛料或成品的品质好坏至关重要。翡翠的品质评估要考虑的因素类似于钻石4C，有颜色、净度及切工等因素，欧阳秋眉在《翡翠鉴赏》一书中提出了4C、2T(Color、Clarity、Cut、Crack and texture、Transparency)即颜色、净度、切工、裂纹、透明度、结构6个方面的评估。而对颜色又从正、浓、阳、匀4个方面作了分级，杜氏兄弟和袁心强等也在各自的著作中作了介绍。在第四章中已经对结构和透明度的分级作了介绍，本章不再赘述，这里首先探讨一下翡翠的净度问题。

第一节　翡翠的净度评估

翡翠的净度(Clarity)问题近年来受到了人们越来越多的关注，颜色种头再好的翡翠，一旦有严重的净度问题，价值上都要大打折扣。能够影响到宝石外观的完美度的各种现象被称之为净度特征，对翡翠而言，有裂纹、石纹、石花、脏、黑点，这些特征对外观的影响程度就是净度。净度是宝石学上对宝石品质进行评价的重要概念。习惯上也把宝石的净度特征称之为瑕疵，因为净度特征对宝石的品质产生负面的影响。

一、常见的翡翠净度特征

1. 裂纹(Crack)。裂纹对翡翠品质的影响最大，翡翠的裂纹(图6－1)是在翡翠形成之后在后期的地质作用过程中或加工过程中在外力作用下产生的裂隙，有裂的翡翠其价值至少降低1/3，如果裂隙出现在关键部位，对翡翠价值的影响更大，如手镯上的垂直手环的通裂就是一个致命伤，几乎可以毁了整个饰品。用手指刮摸裂纹，在抛光面上可明显感到受阻。微细的闭合的裂纹对翡翠价值影响小一些，对翡翠的耐久性影响不大，可以划归石纹一类。

2. *石纹*（Stone Line）。石纹按宝石学的理论是一种愈合裂纹，行家也称为"水迹"，对翡翠制品的耐久性没有影响，但对外观可产生不同程度的影响。石纹有大有小，有疏有密，有明显的也有不明显的。最小的石纹是愈合或部分愈合的颗粒间隙，可呈白色，数量多时对透明度产生影响。大的石纹往往与翡翠受到动力变质作用有关，有时会形成平行波浪纹，对外观的影响很明显。

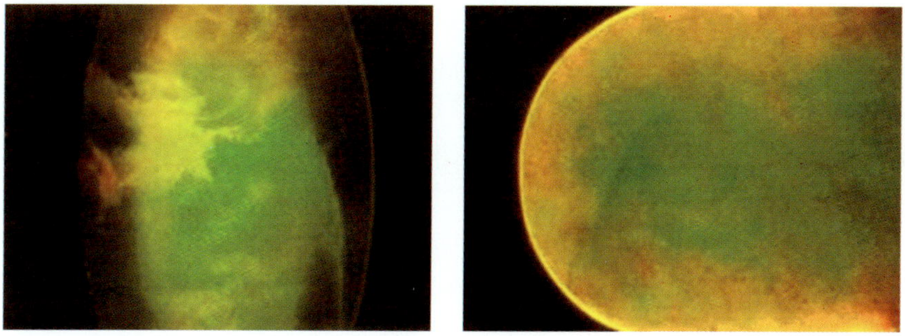

图 6－1　裂纹（左）与石纹（右）

3. *黑点、黑丝和黑块*（Black）。翡翠中常有呈点状、斑状、丝状和带状的黑色部分，这些不同形态的黑色可能由不同的原因造成，并且在矿物组成上也会有很大的差异。黑点常常是铬铁矿被硬玉交代后的残余，黑斑常常是角闪石团块，黑丝是角闪石交代翡翠的中小脉体（图 6－2），黑带则是较大的黑丝，有些就是我们通常说的黑癣。

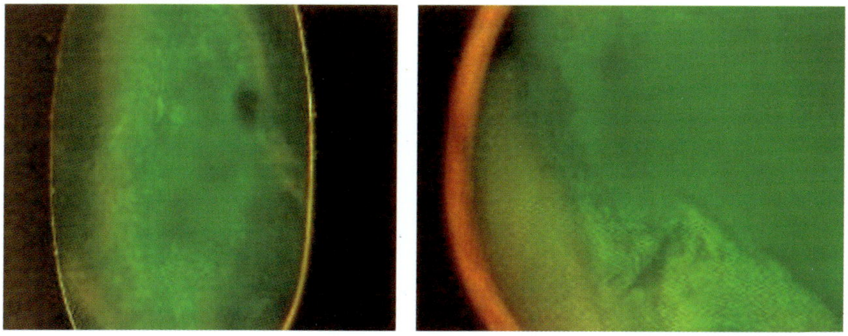

图 6－2　翡翠中的黑点和黑丝

黑点：铬铁矿被硬玉交代后的残余和假象，在强光透射下往往呈绿色，反射光下往往呈黑色。黑点一般呈星点状孤立地分布。

黑丝和黑带：翡翠中的黑丝、黑带是由碱性角闪石或绿辉石造成的。碱性角闪石的作用也须分不同情况区别对待，如果是在以绿色为主体的翡翠中含有黑色的角闪石，这些黑色或暗色矿物对翡翠的外观产生不利的影响，应作为净度特征对待。但是，如果在无色或白色为主体的翡翠制品中含有这些暗色矿物，对翡翠的外观不产生负面的影响，反而会提高翡翠制品的价值，这时这些暗色条带不当成净度特征，而是作为颜色要素来对待。

4. *石花*（Stone Flower）。石花是翡翠中团块状的白色絮状物，从宝石学的角度看也可能是翡翠中的包裹体，即可能不是硬玉，而是其他的矿物组成，也可能是裂隙的弥合。

石花在透明度较好的翡翠中见到。根据形状和特征分为芦花、棉花和石脑3种。

芦花：轻微的石花，灰白色的絮状物呈细小分散状分布在翡翠中，不特别明显。类似的净度特征有稀饭团，该特征在透明度高的翡翠中出现，边界不明显。

棉花：较为明显的白色或灰白色絮状物，呈较为集中的团块状，比较明显（图6-3）。

石脑：明显的白色或灰白色絮状物，相对于芦花和棉花来说与周围的界限比较明显，有点像硬块，是最为严重的一种石花。类似的特征有甘蔗渣状的石花。

透明小石花：石花如呈冻状或透明状，在反射光下不可见，对净度的影响程度就要小得多。镶起来后由于种好，具有映照效果，对外观没有影响，也不影响成品的耐久性。

图6-3　絮状物形如白棉散落在玉肉

5. 脏色(Dirt)。指绿色以外的色斑或色带,如黄褐色或黑灰色等。但不能把底色作为脏色对待,也不能把俏色或多色的组合当作杂色。

二、翡翠净度特征的评价

翡翠净度特征的严重程度取决于其对外观完美性和美观性的破坏程度。翡翠外观完美性的缺陷是否存在,取决于肉眼能否识别,根据这一原则可以规定出对翡翠净度特征的评价技术方法:正常照明的条件下在明视距离内,用肉眼进行周密的观察(可用透射光),并在垂直或者斜向照明的方式下判断其可见性。袁心强根据净度特征的严重程度依可见性划分为5个级别。

1. 极小的净度特征。这种级别的净度特征在肉眼下难以看见,或者若隐若现,往往不能准确判定是否存在所怀疑的缺陷,这一级别的净度特征对外观造成的影响极为轻微,可以认为没有影响。

2. 微小的净度特征。这一级别的净度特征在肉眼下可以识别,但比较困难,往往需要提高光照强度,例如靠近光源,才能观察。这一级别的净度特征对外观的影响也很小,但对翡翠的完美度已有所影响。

3. 较小的净度特征。这一级别的净度特征仍然很小,而且数量也少,仔细观察时不难看出,对翡翠的外观已产生一定的影响。

4. 较大的净度特征。这一级别的净度特征比较大,或者数量比较多,往往一眼即可察觉,对翡翠的外观影响已相当明显。

5. 极大的净度特征。这一级别的净度特征非常明显,会对翡翠的价值产生极大的影响。

除了净度特征的大小之外,不同的净度特征对净度的影响程度也是有所区别的,习惯上裂纹对翡翠价值的影响远大于其他的瑕疵,另外净度特征对花件和素面首饰的影响也有很大区别,花件往往可以把瑕疵隐藏起来,而素面首饰对材料的要求非常严格,稍有瑕疵就容易显现出来。

另外瑕疵的产出部位对净度的影响程度也是不同的。如在戒面上的小石纹或黑点如是出现在边部,对净度的影响就比较小。如翡翠内的“云雾”、“黑斑”、“裂绺”等,这些缺陷不产生在成品的显要位置,也不会影响其多少价值。例如一只翡翠戒面在其边缘有一小黑斑,可能会影射出翡翠的美丽来,也能说明此货为真品。再好的翡翠若裂绺多、质量小、形状差都会严重影响其价值。

但净度特征对价值的影响除了其大小和产出的位置外,不同类型的净度特征对价值的影响也是不同的,如裂纹对翡翠价值有严重影响,而石纹对净度的影响就小得多,如果是透明的小石花对价值的影响几乎可以忽略不计。

郑永镇先生参考市场行情,提出了翡翠的净度—价格曲线图(图6-4),认为如果全美的翡翠为10,有裂纹的只占2.2,两者之间价差约5倍。

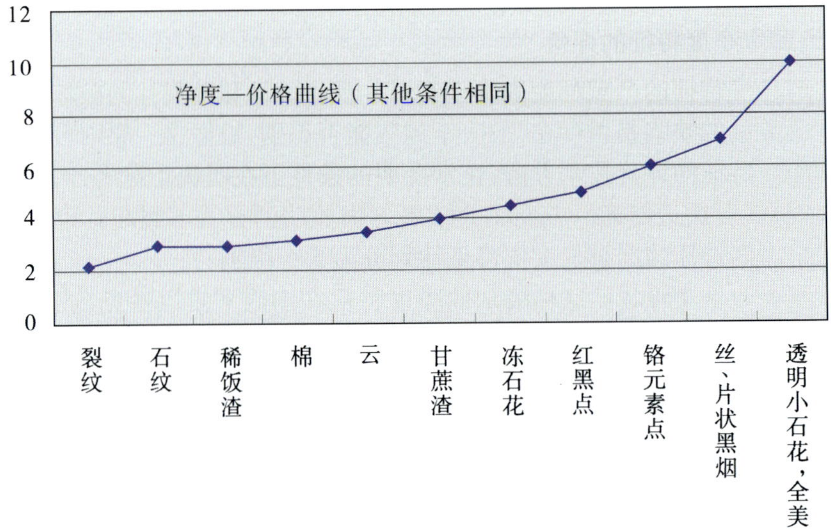

图6－4　翡翠的净度—价格曲线图

第二节　翡翠的颜色评估

一、色彩基本知识

为做好翡翠颜色的评估，我们需要对色彩宝石学的基本知识有一定的了解。

色彩宝石学是研究各类宝石色彩形成的原因、色彩组合形式以及鉴别各类宝石色彩等级的一门科学。它涉及色彩物理学、色彩化学、光学以及美学、心理学等方面的知识。色彩宝石学还研究视觉、思想和精神现象在色彩领域中的相互关系。对颜色的准确识别具有重要的商业意义。

黄、红、蓝被称之为色彩的三原色。我们要用最大的准确性来确定这三种原生色。再把三原色放置成等边三角形，黄色在顶角，红色在右下角，蓝色在左下角。画出这个三角形的外接圆，再画出这个圆的等边六角形，在等腰三角形同六角形的每两邻边之间的空间，各置一种包括两种原色的调和色彩（图6－5）。这样我们就取得了间色，又得到三种色彩，即黄＋红＝橙色；黄＋蓝＝绿色；红＋蓝＝紫色。

现在我们在第一个圆的外面以适当的半径再画一个圆,并将两个圆之间的轮分成12个相等的扇形。在这个轮中,将原色和间色重复放置于适当的位置上,每两种色彩之间留出一个空白扇形。在这些空白的扇形中,我们接着画上第3位的色彩。其中每一种都是由一种原色和一种间色调和而成的,即:黄+橙=黄橙;红+紫=红紫;蓝+紫=蓝紫;蓝+绿=蓝绿;黄+绿=黄绿。这样就组成了一个规律的12种色相的色环,其中每一个色相都有它相应的位置。这个色彩顺序和虹或自然光谱的顺序相同,包括了世界上所有宝石的色彩。人们在任何时候都能够准确地看到12种色相中的任何一种,中间色调也都很容易指出。但在训练自己对色彩的感觉时或鉴定宝玉石的色彩时,一定要以中性灰色作背景进行观察,因为灰色对邻接的任何色都不会产生错觉,能较好地保持原有色的特性。

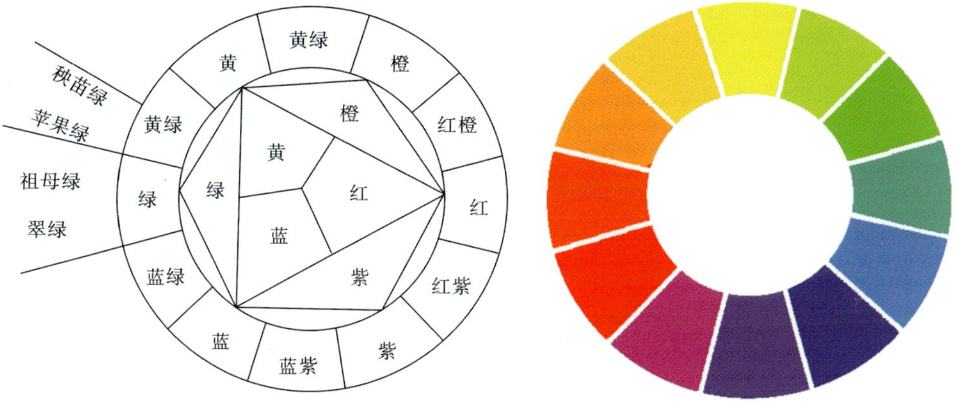

图6-5　十二色相色环图

宝玉石矿物要求色彩鲜艳美观,颜色的美丽是宝玉石矿物的首要条件,宝玉石矿物一般以红、鲜红、蓝、翠绿、金黄等鲜艳夺目的颜色为好。色调的浓淡亦极为重要,但不能笼统地认为浓好淡差,要看具体情况。一般要以柔和悦目和令人喜爱为原则来评价。

二、宝玉石致色的原因

宝玉石能显现出奇光异彩是一个十分复杂有趣的问题,其色彩生成有3个原因:

1. 自色。是指宝玉石矿物的颜色来自本身化学成分中致色元素。如本身具有微量铬(Cr^{3+})元素时呈绿色,量多时呈紫色或红色;具有铁(Fe^{2+})元素时呈绿色或蓝色；具有铁（Fe^{3+}）元素呈褐色或红色；具钛（Ti^{4+}）元素呈红色或褐色；具镍（Ni）元素时呈绿色；具铜（Cu）元素时呈绿色或蓝色；具钴（Co^{3+}）元素时呈红色、蓝色或玫瑰色；具铍（Be）元素时呈蓝色；具钒（V）时因不同的价态呈不同鲜艳色彩。如绿松石具 Cu 元素呈绿或蓝；具锰元素（Mn）时呈红色。在什么地质环境下产出，矿物及集合体的状态及组合形式显现出何种色彩和色调，这是十分复杂的问题。

2. 他色。是指有些宝玉石本身无色，而颜色由微量致色元素离子的混入而引起的。如由于后期的热液活动，则分泌作用及变质作用等使致色元素 Co^{3+} 或 Cr^{3+} 进入水晶晶格中，致使无色水晶染成玫瑰色或紫色。

自色和他色的区别，在于自色为致色元素在宝石矿物生成时进入晶格，与矿物熔为一体；他色为后期地质作用致色元素加入所致。

3. 假色。是指它的颜色纯属物理学原因引起。如贵蛋白石类，可以显现出彩虹色彩称晕色，这是宝石中所含胶体水对光线的衍射作用所致；又如月光石的变彩等，这些均是由物理学原因致色的。

三、翡翠的颜色分类

翡翠是世界上颜色最丰富的一种玉石，被誉为“玉中之王”。在自然界，翡翠可以有各种颜色，但主要的颜色种类有绿、红、紫罗兰、白、黄、蓝、灰、黑等（图 6－6），其中绿色的变化最多，民间有三十六水、七十二豆、一百零八蓝之说，即言翡翠绿色的变化多端，珠宝商常根据日常见的实物，形象地对翡翠的绿色进行分类。栾秉傲的《中国宝石和玉石》中将绿色分为玻璃艳绿、艳绿、玻璃绿、宝石绿、阳俏绿、黄杨绿、浅杨绿、鹦哥绿、葱心绿、豆青绿、菠菜绿、瓜皮绿、瓜皮青、丝瓜绿、蛤蟆绿、匀水绿、江水绿、灰绿、灰蓝、油青、墨绿等共 22 种。这一分类，虽直观，但比较繁杂，初学不易掌握。周经纶的《云南相玉学》则将绿色分为蓝、豆绿、水绿 3 大类，蓝有黑蓝、灰蓝、油蓝、淡蓝、蓝豆、蓝水豆、蓝绿、蓝水绿、蓝绿端等；豆绿有淡豆、水豆、艳豆、阳豆、生杨豆、黄杨豆等；水绿有淡水绿、艳水绿、黄阳水绿等。我们知道，绿色是由蓝与黄按相应的比例组合而成的，如图 6－5 的色相环所示，绿是蓝与黄的组合色，而蓝进一步与绿组合呈蓝绿，黄与绿组合呈黄绿，周经纶先生的分类法大致按绿偏蓝、绿偏黄和绿 3 种色彩将翡翠的绿分为 3 类。但这种分类法又将很美的颜色与不好的颜色归为一类，如将油蓝与蓝水绿划归一类，似不妥。笔者认为，品评宝玉石的颜色，最终目的是要确定特定的宝玉石的颜色优劣及受欢迎程度，即它的商业价值。因此，翡翠颜色的分类，应有利于这一评价，为了找出一种更合适的分类方案，这里不妨先对颜色本身作一点分析。

图 6－6　多彩的翡翠世界

（绿、红、黑、白分别蕴含着艳丽、富贵、权力和荣耀等多种含义）

颜色是由色彩（Hue）、色调（Tone）和色饱和度（Saturation）3 个要素组成的，色彩是颜色本身的色素，色调指颜色的明暗程度，色饱合度即颜色的浓与淡。例如翡翠给我们以绿色的感觉，这是色素在起作用，绿色中黄色素和蓝色素过高都会使绿色偏色。但有时我们还感到有的颜色发灰、发黑，这是色调在起作用，在没有色素存在时，它本身只有白色/无色、灰色和黑色，灰色达一定程度颜色就发暗，色调过暗可以使宝石的颜色失去活力，在作翡翠颜色分类时，应充分考虑这一因素。色彩、色调和色饱和度三者互相制约，在色饱和度低即色浅的情况下，中等色调的颜色会给我们一种泛灰的感觉。因此，有必要建立宝玉石颜色的立体概念，若在色相环的基础上，引一根直线垂直穿过环的中心，以上端为白，下端为黑，中间为灰，便可以得到一条“无彩轴”，在色相环上，按色的浓淡排列同一色，并在中心与环间用一直线连接，便可得到一条反映饱和度的轴线，离无彩轴越远，颜色就越鲜艳（图 6－7）。

1．翡翠绿色的分类。根据颜色 3 要素的原理以及翡翠商贸的实际情况并参考前人的分类，笔者建议将翡翠的颜色分为正绿、微蓝绿、偏蓝绿、偏黄绿、偏灰绿 5 种类型(见表 6 – 1)。正绿是一种不带任何偏色的翡翠颜色,其中包括祖母绿、翠绿、苹果绿和秧苗绿 4 种色彩。祖母绿和翠绿不含绿以外的任何色素,但在色饱和度上稍有差别,祖母绿的色饱和度高,而翠绿的色饱和度中等至淡。苹果绿和秧苗绿微含黄色素,但仍属正色范畴。偏蓝的绿色商业价值降低,颜色发灰,发黑的绿色只能划在中—低档范围。

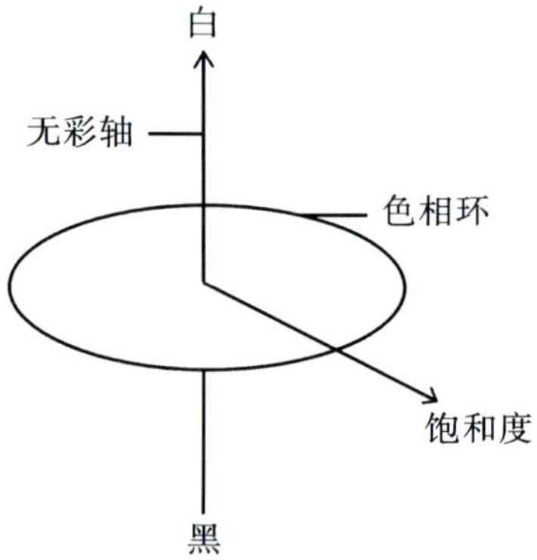

图 6 – 7　颜色的立体结构图

表 6 – 1　翡翠绿色分类表

类　型	主 要 品 种	档　次
正绿	祖母绿、翠绿、苹果绿、秧苗绿	特级
微蓝绿	蓝水绿、蓝水豆	高级
偏蓝绿	瓜皮绿、瓜皮青、见绿油青	中级
偏黄绿	浅阳绿、鹦哥绿、豆绿	中级
偏灰绿	菠菜绿、油青、墨绿、黑蓝	低级

这些各种各样的绿色的特点如下：

祖母绿：色绿似祖母绿宝石，绿色纯浓，透明度好，近于透明或半透明，是翡翠中的最佳品种，亦称宝石绿或碧绿。

苹果绿：正绿色中略带一点黄味，就如开始成熟的青苹果，是一种娇艳漂亮的嫩绿色（图6－8）。

图6－8　苹果绿的翡翠戒面

蓝水绿或玻璃绿（图6－9）：如玻璃般明净透明，绿色鲜艳而明亮，是翡翠中的佳品。若绿色浓艳，稍夹蓝的也称得上好色。

翠绿或艳绿：透明或半透明，绿色浓但不黑，鲜艳。

秧苗绿或黄阳绿：微透明或半透明，翠色鲜亮，微黄而明亮，如初春的黄阳树新叶。

鹦哥绿：微透明或半透明，绿色娇艳，如同鹦哥的绿色羽毛。

豆青绿：半透明，绿色如青豆色，是绿色中最多见的一种，常有“十绿九豆”之说。

菠菜绿：半透明，绿色浓，略显黑，不够鲜艳。

浅阳绿：微透明或半透明，绿色浅淡而鲜明，纯正，入眼漂亮。

浅水绿：绿色淡，均匀分布，但不鲜艳。

蛤蟆绿：半透明或不透明，颜色不纯正，带蓝或灰色调，质地中常有棉绺出现。

蓝绿：绿中闪蓝，绿不显。

瓜皮绿：半透明或不透明，色欠纯正，绿中闪青，似西瓜皮。

梅花绿：绿色不均匀，有盐粒状、斑点状，颜色似梅花斑点状分布，有时叫“点点花”或“满天星”。

墨绿：半透明或不透明，色虽黑但不失绿调，质纯净者为翡翠中之佳品。

油绿：绿中透灰蓝，不鲜艳，但水较好。

此外还有墨水蓝、灰绿、蓝绿、蓝花等。

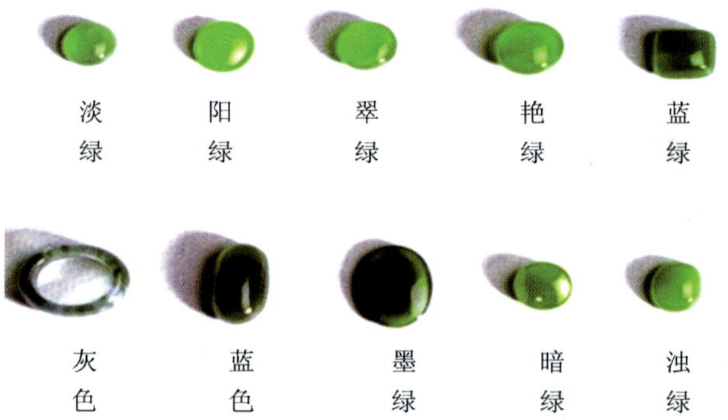

图 6－9　典型绿色示例

这些颜色从偏黄到偏蓝再加上一些特殊品种，还可进行以下的分类（图 6－10）：

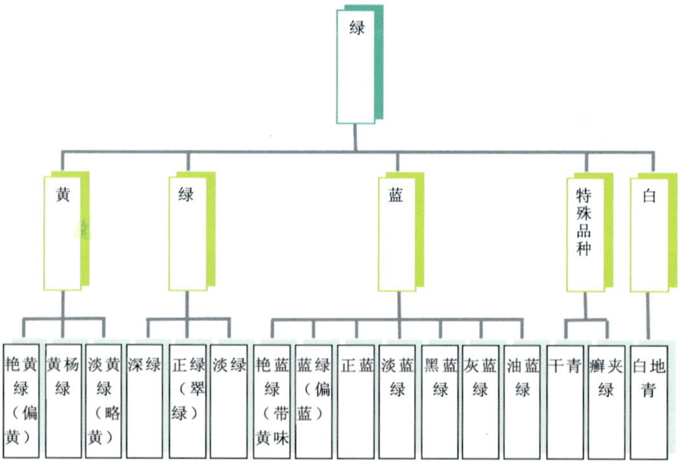

图 6－10　绿色分类谱系图

(1)上等的有祖母绿、翠绿、秧苗绿、苹果绿等。

(2)次一色的有蓝水绿、浅阳绿、浅水绿、菠菜绿等。

(3)再次一色的有蓝绿、瓜皮绿、油绿、蛤蟆绿、灰绿等。

对绿色形状即翡翠绿色存在的形式的评价比对绿色的深浅浓淡更复杂,特别是原石表面绿色形状特点,往往反映翡翠内部绿色变化规律。

翡翠绿色形状主要有以下几种类型:

星块状:其特点是绿色成大小不等互不相连的点块形状。

丝块状:其特点是色重时绿形如块状,绿微时形如游丝,当丝块相连时宛若蔓牵连瓜果。

均匀状:没有明显的绿线、绿筋、绿块,没有明显的方向性。其特点是没有明显的绿色和地子的区别,地子和绿浑然一体,但浓艳的很少。

2. 翡翠红色的分类。红色俗称"翡",可分 3 种:亮红为红色中的上品;暗红多为原石的边部;褐红即红带褐色,多杂质,此为下品。

(1)亮红:也称为"冠红",为红翡中的上品,色泽可能是 Co^{3+} 引起的。

(2)暗红:往往是 Fe^{2+} 氧化成 Fe^{3+} 所致,多接近于原石的边缘分布。

(3)褐红:出产于原石边缘,因风化淋滤作用而造成的铁染,带褐色杂质极多,为红翡中的下品。

亮红色的红翡很少见,可遇而不可求,价格极高。苏富比拍卖会曾拍过一个极好的亮红色红翡雕件,价格高达 380 万港币。而褐红和暗红色的红翡,产量多,且因色差,不为人喜爱。其价格极低,几元到几百元即可买到。

红翡的颜色是次生形成的一种颜色,分布于风化表层之下或沿翡翠原石裂隙分布,为铁矿物浸染而形成的颜色,产于缅甸老场区和大马坎场区。

黄翡也是由于次生作用形成的颜色,往往分布在风化表层之下,而在红色层之上,它是由于褐铁矿浸染所致。黄色不纯,常带褐色,产量多,不为人所喜爱,价格极低,几元到几十元即可买到。但色纯的价格也较高(图 6-11)。近年来,女性十分喜爱红翡手镯,认为具备红、绿二色者,才能称为"真正"的翡翠手镯。

图 6-11　黄翡翡翠雕件

杜晓东和杜晓辉根据红色的饱和度和色纯度,将翡翠的红色分为5级:五分色、四分色、三分色、二分色、一分色,如图6-12所示。

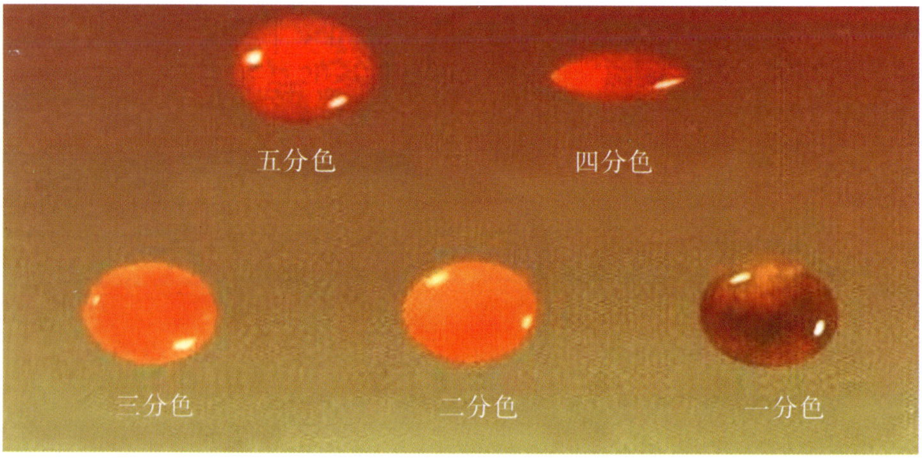

图6-12　红色的分级

3. 翡翠紫色的分类(图6-13)。紫色系的翡翠为紫罗兰的翡翠品种,这种颜色在行内叫做春色。紫色在玉肉好的地方形成,有一定的透明度,其色如桃色者,称为艳桃花春,此为上品,淡桃花春者次之。

紫红色者,形如茄子皮色称为茄春,又有艳茄春、淡茄春。粉紫如泡开的藕粉,春带彩为玉肉中有淡淡的春及其他颜色。

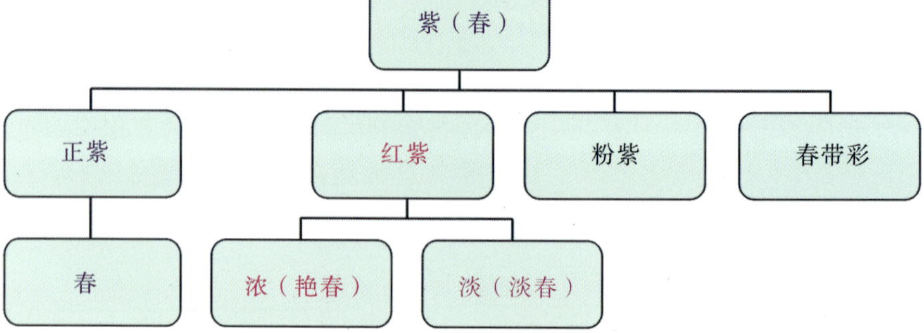

图6-13　紫色分类谱系图

组合色:绿、红、紫三色出现在一个玉件上被称之为福禄寿,简称“三彩”。出现四色为福禄寿喜,简称“四喜”,出现五色为五福临门,简称“五福”。

四、翡翠呈色机理探讨

翡翠为什么会呈现各种颜色,其色彩、明暗、浓度变化的控制因素和影响因素是什么,这是人们普遍关心的问题。天然翡翠作为一种半透明玉石,它的呈色机理与其他宝玉石一样,主要与构成翡翠的各种矿物晶体本身的晶体结构特点、晶体对光的吸收、折射和反射有关。当白光照射到翡翠上时,其矿物晶体可以各种方式对特定颜色波长的光进行选择性吸收,使得原先白光的混合比发生变化,从而显示出不同颜色。晶体中的致色离子、晶格缺陷、包裹体都可致色。翡翠呈色,主要由色素离子和矿物组合的不同引起,现分原生色和次生色探讨其致色机理。

原生颜色产生原因有:

1. *致色元素呈色*。纯的硬玉透明无色。如前所述硬玉呈色是由于过渡金属离子进入矿物晶格,并通过对特定波长光的吸收,使入射光波的混合比发生改变,导致硬玉呈色。这就是翡翠的主要呈色机理。硬玉中呈色的色素离子有Cr^{3+}、Fe^{3+}和Fe^{2+}等,从表6－2的电子探针分析资料可知,白色的翡翠基本不含色素离子,翡翠的绿色是由微量的Cr和Fe引起的,Cr^{3+}、Fe^{3+}和Fe^{2+}等色素离子或单独、或按不同比例存在于硬玉中,使得所表现出来的色的质和量千差万别,当硬玉含Cr^{3+}达万分之几时,翡翠呈现祖母绿色,Fe^{2+}含量高时,颜色偏暗。据分析,紫色翡翠Cr、Fe含量不高,Mn略偏高,其呈色可能是杂质元素综合影响的结果。

2. *矿物组合呈色*。上面已提到,翡翠是一种矿物集合体,它所呈现的颜色是各种矿物及杂质成分的综合反映。据肉眼与显微观察,组成硬玉岩的矿物在内生条件下产出的有硬玉、钙铁辉石、透辉石、霓石、钠长石、阳起石、纤闪石、绿泥石和沸石等,这些矿物以不同的比例、颗粒大小及不同的结构构造组合在一起,使翡翠颜色的变化进一步复杂化。前面曾谈到的硬玉与长石的互相作用使翡翠呈白色就是一个很好的例子。上述矿物各自的颜色的特征如表6－3所示。如上所述,纯硬玉无色,含Cr、Fe呈祖母绿色或紫罗兰色,透辉石呈浅绿色、白色,含Cr时呈翠绿色。钙铁辉石呈暗绿色或黑绿色,霓石呈黑绿色,后两种矿物的暗黑色主要是由于它们的矿物晶体结构中的Fe所致,纤闪石、沸石和绿泥石分别由硬玉、钠长石和阳起石蚀变而来,它们的颜色与原生矿物有关,一般呈浅淡的绿色或蓝绿色。从这些矿物的颜色特征可知,只有硬玉型和透辉石型翡翠,才有可能呈现特级翡翠的颜色。

表6－2　电子探针分析结果

分析物名称	Na_2O	K_2O	Cr_2O_3	Al_2O_3	CaO	MgO	FeO	SiO_2
白色翡翠料	15.24	0.01	0.01	24.82	0.37	0.26	0.10	58.65
暗绿色翡翠戒面	14.63	0.01	0.09	22.80	2.12	1.58	0.71	57.97
透明绿翡翠	12.75		0.922	22.73	1.67	1.22	0.48	59.62

分析者郑巧荣

表6－3　翡翠矿物、致色元素与翡翠颜色的关系

矿　物		化学成分	致色成分	颜　色
原生矿物	硬玉	$NaAlSi_2O_6$	Cr^{3+}，Fe^{2+}	无色、祖母绿、紫罗兰
	透辉石	$Ca(Mg,Fe^{2+})Si_2O_6$	Ca^{3+}，Fe^{2+}，Fe^{3+}	浅绿、白色、翠绿
	钙铁辉石	$CaFeSi_2O_6$	Fe^{2+}	暗绿、墨绿
	霓石	$NaFe^{3+}Si_2O_6$	Fe^{3+}	墨绿
	钠长石	$Na[AlSi_2O_6]$		无色
	阳起石	$Ca_2(Mg,Fe)_5(Si_4O_{11})_2(OH)_2$	Fe^{2+}	绿、深绿
蚀变矿物	纤闪石	$Ca_2Mg_5[Si_4O_{11}]_2(OH)_2$	Cr^{3+}，Fe^{3+}	绿
	沸石	$Na[(Al,Si)O_2]_6H_2O$		无色或白色
	绿泥石	Mg，Fe，Al 的硅酸盐	Fe^{3+} Fe^{2+}	暗绿色、暗蓝色
次生矿物	赤铁矿	Fe_2O_3	Fe^{3+}	红色
	褐铁矿	$Fe_2O_3 \cdot H_2O$	Fe^{3+}	黄色

次生颜色产生的原因如下：

原生的翡翠出露地表之后由于氧化和水解作用，翡翠表面分解，氧化铁由表面渗入而形成褐铁矿及赤铁矿，从而形成了黄色和红色。将翡翠结晶后形成的颜色称之为次生色。

次生色的分布有两种情况，一种是氧化铁沿裂隙渗入翡翠内部常以褐铁矿为主，形成黄色的铁染，这种颜色对原生色起到了破坏作用。另一种是氧化铁由翡翠的矿物晶隙呈面状渗入翡翠内部形成的氧化皮，靠表皮处以褐铁矿为主，形成黄雾；靠玉肉处以赤铁矿为主，形成红雾。天然质好色好的红翡难得一见，最好的红色称为鸡冠红，常见的为棕红色。

综上所述，纯正的翡翠绿是由 Cr^{3+} 离子取代矿物晶格中的铝离子而形成的，由 Fe^{3+} 离子代替铝离子而引起的绿色，色调比较暗，白色的翡翠不含 Cr^{3+}、Fe^{3+} 等色素离子。世上并不存在白色的色素离子或发色体，翡翠的白色是在一定条件下光的折射和反射造成的，而黄色和红色则是次生产物染色。

还有一种就是人工致色。人工致色有两种情况，一是在白色翡翠上染绿或紫罗兰色，另一种是在具天然淡绿色的翡翠上适当加绿色，使之更为艳丽。具体

致色方法有灌色、贴色、加热染色和辐照致色等，前两种方法用于毛料作假，后两种色在毛料和成品上均有应用。

五、翡翠绿色的综合评价

关于翡翠绿色的评价，珠宝界普遍根据“浓、阳、俏、正、和、淡、阴、老、邪、花”10 字口诀进行综合评价。“浓”指颜色深绿而不带黑，绿色浅，显示无力则为淡；“阳”指颜色鲜艳明亮，“绿”色昏暗而凝滞则为阴；“俏”指绿色美丽晶莹，平淡呆滞则为老；“正”指颜色鲜艳纯正，上述正绿以外的绿色均属“邪”，“和”指颜色均匀而不花，绿条状、散点、散块谓之“花”。以上几条都是对绿色本身特征的评价。摩太先生提出评价翡翠绿色应从翡翠绿色的偏与正，绿色的浓淡均匀程度，绿的形状，绿的水头，绿内杂质及干净程度，绿内裂绺白棉石花的多少，翡翠的新种老种，绿色的重量 8 个方面着手。这 8 个方面，有表述颜色本身的特征，也有表述绿与透明度、玉质、瑕疵之间的关系，因而是比较全面的。

1. 绿色的评价标志。前面已谈到一种颜色的构成，包括色彩，色调和色饱和度 3 要素。10 字口诀中的“正”与“邪”，是对色彩的评价。本文已根据绿中黄与蓝二原色的比例关系及色调将翡翠的绿色划分为 5 类（表 6－1）；色的“阴”与“阳”，是对色调的评价，它是由颜色的灰阶决定的，灰阶分为 10 阶（图 6－14），灰阶为 0 且无色素存在时翡翠呈白色或无色，灰阶为 10 时翡翠呈黑色，翡翠绿色的灰阶越小越好。“浓”与“淡”，是对色饱和度的评价，颜色浓淡的百分比也分为 10 级，好的翡翠绿色浓度应在 60% ～90% 之间，过浓了导致颜色沉闷，价值反而降低。“和”与“花”指的是颜色的均匀程度，颜色越均匀，价值就越高。故好的翡翠颜色应当是绿色纯正，浓度在 60% ～90%、鲜艳明亮、颜色分布均匀，再加上透明度高，无瑕疵裂绺，便称得上是特级翡翠（表 6－4）。

表 6－4　翡翠绿色的几个主要评价指标

色彩（正）		色调（阳）	色饱和度（浓%）	均匀程度（和）	颜色档次评价
正绿	祖母绿	极明亮	80	极均匀	高
	翠绿	很亮	70	很均匀	
	苹果绿	明亮	60	较均匀	
	秧苗绿	中等明亮	50	尚均匀	
带微蓝的绿		中等色调	40	欠均匀	低
偏蓝的绿		中等黑暗	30	不均匀	
偏黄的绿		黑暗	20	甚不均匀	
带灰黑的绿		很黑暗	10	极不均匀	

绿色的浓淡厚薄常用色力一词来衡量。一个浓艳满绿的戒面，无论摆起来从各个角度看，或者拿起悬空看，都不减色，称之为色力足，又叫“亮水”；如果摆起来看，绿色为浓，但拿起来看，显得浅淡，这叫色力不足；还有摆起来看发暗，透视起来显绿，又叫“罩水”。

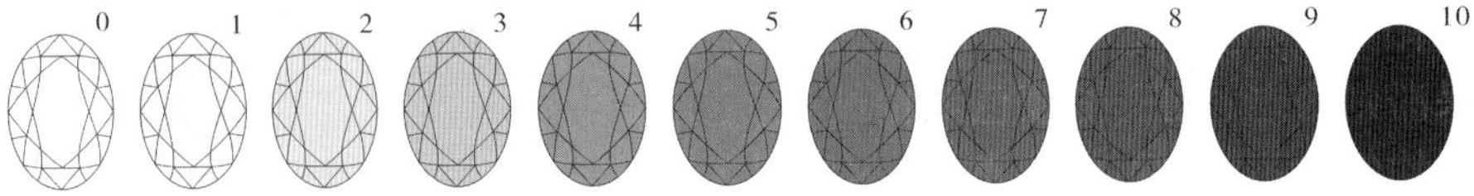

图 6－14　色调图表

1. 无色/白色　极明亮　2. 很明亮　3. 明亮　4. 中等明亮　5. 中等色调
6. 中等黑暗　7. 黑暗　8. 很黑暗　9. 极黑暗　10. 黑色

2. 绿与透明度。根据翡翠的透光程度，可以大致地将翡翠的透明度分为较透明、稍透明、微透明和不透明 4 种情况，翡翠的透明度对其颜色的表现有很大的影响，民间将透明度称为水头，水头好的玉如玻璃种的翡翠，哪怕只有丝丝绿，都可以映照出美丽的绿色来，但若水头不好，绿色就会显得呆滞不吸引人。

3. 绿与玉质（种）。翡翠的绿是地质上变质作用达到一定程度时的产物，往往同一定的玉质相伴随。民间所谓的新种老种，实质上反映的是翡翠中矿物颗粒的粗细及其结构特征。上述的透明度，亦受到翡翠这一性质的影响。新种的翡翠，玉质的颗粒较粗，玉质疏松，透明度差，肉眼能辨认；老种的翡翠，硬玉的颗粒极细，放大镜下难见纤维状单矿物，玉质致密，呈半透明状。但我们在实际工作中所接触到的翡翠种类的差别，远非新种老种能概括，因此本文引入近隐晶质、微晶质、细晶质、粗晶质几个概念来加以区分。近隐晶质的翡翠透明度高，肉眼见不到翠性，民间所称玻璃地、冰地的翡翠属之，其中玻璃地的翡翠质地最佳，即使在 10 倍放大镜下也难见翠性。此种玉质的翡翠出现高绿的可能性较大，有时颜色可呈带状分布，且出现颜色部位硬度较大，故在毛料上有绿的部位常出现蟒带。微晶质的翡翠透明度次之，肉眼很难见到翠性，瓜地、细瓷地属之，此类翡翠常出现暗绿色、飘蓝花。细晶质的有细豆地、瓷地和白地青等，瓷地和白地青上常可见到正绿，但一般范围都不大。粗晶质的有豆地、马牙地、干青地等，翠性明显可见，底子不干净，常见灰黑和豆青色，戒面上石花明显。

从上述翡翠的产出特征可以看出，正绿与结构细腻的硬玉岩有一定的依存关系，硬玉颗粒即翠性越小，结构越细腻，绿色越正，因此评价绿色，必须综合考虑玉质的因素。

4. 绿与瑕疵。除了绿与玉质之外,决定翡翠价值高低的还有瑕疵这一因素。本章所说的瑕疵,包括玉上的脏点、裂绺、石花等,即绿以外部分的干净程度以及裂隙、石纹的分布,这一因素的随机性很大,极品翡翠应当是完美无瑕的。

综上所述,本章将各种档次的绿色与透明度、玉质、瑕疵的关系列于表6-5,作为翡翠颜色综合评价的参考。

表6-5　翡翠颜色及综合评价参考表

等级	特高档	高档	中档	低档
颜色	正绿	微蓝	偏蓝或偏黄	带灰黑
透明度	较透明	稍透明	微透明	不透明
结晶程度	近隐晶质	微晶质	细晶质	粗晶质
瑕疵	无瑕	无瑕	微瑕	有瑕疵
1ct 戒面成品价	1 万至 10 万元以上	2 000 ~ 10 000 元	200 ~ 1 000 元	200 元以下

第三节　翡翠综合评估

一、翡翠估价原则

翡翠的等级划分与估价是一个十分复杂的问题,它不像其他贵重宝石,容易制定统一评价标准及相近的价格标准。翡翠很难有个标准,它有很多制约价格的因素,因为绿色及其他条件变化无穷,因而摩太对此提出了8条评价依据:①翡翠绿色的偏正;③绿色的浓淡均匀程度;⑧绿的形状;④绿的水头;⑤绿内杂质及干净程度;⑥绿内裂绺白棉石花的多少;⑦翡翠的新种老种;⑧绿色的重量。以上8点是评估翡翠价格的主要依据与条件,缺一都不能称为特级。其次还有翡翠的工艺价值、文物价值,直到翡翠的艺术及精神,如对翡翠的鉴赏能力、喜爱程度、东方文化及民族特点以及它的艺术生命力等。

香港曾经拍卖成交一对翡翠手环1 200多万元港币,一串项链700万港币,一只翠戒400万港币等等,翡翠这个行道,喜欢就是价。人家都愿意出高价购置,我们又有什么想不通的!对一般穷人来说,呀!一只手镯600万,疯子;而对大亨来说,小菜一碟,不但满足了自尊心、虚荣心,而且还像征着财富。东方人爱玉如命,精神上得到了莫大的安慰与享受,您说它值多少。这是对特级翡翠而言,而对一般档次的翡翠成品来说,它是有一个大致市场流通价格的。如一般档次的成品，在市场上一般在千元上下，而您却要卖 1 万元、2 万元，当然太离谱了，但是同一类中低档次的翡翠成品，价格高低相差几十、几百元甚至几千元，特级翡翠成品高低百分之几十，是完全可能的、无可非议的，只要您喜欢。

但对一块高档特级翡翠原料的估价就比较困难。一块玉料，您出 80 万元，他看 120 万元，而有人只给 20 万元，差别之大真是天上地下。这主要与各人的技术水平，对翡翠市场接触面的大小，对翡翠加工工艺的认识程度，对市场行情的了解程度，各人的客户需求情况及销售渠道有关，在某种意义上讲还与买卖人的知名度有关，故他们估价的差别就出入很大。只要您买进有眼力，卖出有把握，再有那个胆量，哪怕价钱比别人出的高，照样能赚钱。

实际上看玉给价是有一定规律可循的。如一块翡翠已开口，并见高翠，那么就要估计所见到的绿，翠到什么程度，能做什么，做什么能卖高价，在这个基础上估计一个价，这个价是见多少绿给多少钱的价叫实价。接下来再观察绿进去了没有，大约进去多少，整块玉料表皮的表现如何，表皮是否还有绿的显示。若表皮表现很好，其内很可能有绿的存在，那么您就可以在实价基础上加上百分之几十或几倍不等。加价的多少除了开口处及表皮显示的好坏外(这是主要依据)，还与您的销售渠道，如是否为直接销售或转手倒卖及您的信誉程度有很大关系。若表皮一点绿的显示都没有，只见开口处的绿，那要给的最高价应低于实价，您才不致于亏本。这就是购买高档翡翠估价的大致依据与原则。用以上方法去对翡翠估价，就是亏了本也亏不了多少，至少能保本。

对翡翠的估价内容很丰富，在这里只是提一个思路供大家在实践中去体会，做好翡翠的估价工作。特级翡翠原料或成品，它的色一定要翠绿、鲜艳、纯正、均匀、通透晶莹，不能有偏蓝的感觉，这是第一位的。其他方面要配合得恰当。因特级翡翠大多做首饰品，故它一定要全翠且完美无瑕。而翡翠玉雕工艺品，一般用一些散绿翡翠原料制做，舍不得使用全绿特级翠料加工玉雕工艺品(若用全绿特级翠料做就价值连城了，但要损失很多高翠料)，故有些裂柳白棉石花都可在设计造形时加以克服。原料好工艺精巧，也是能产生很大价值的。

一般来讲，完美无瑕翡翠原料 100g 在 100 万元人民币左右，甚至还要高出许多，一块高档次的玉雕料一般在几千到几万元 1kg 不等。我们在购买翡翠原料时，完美无瑕之特级翡翠是较少的，而大多数都有这样那样的毛病，这就要看什么毛病、毛病的大小及严重程度，它将直接影响翡翠价格。下面我们再进一步研究影响翡翠价格的诸多因素。

1. *颜色与水头*。最高档次的特级翡翠的颜色是祖母绿、秧苗绿、苹果绿、翠绿，且其他条件均要上好，这一点“翡翠的颜色评估”一节中已有详细介绍。

有些翡翠成品肉眼观察微微偏蓝，但不明显，我们称“少点黄味”，这类色调的翡翠当然比不上特级翡翠的色彩，但只要其他条件均好，也是较好的翡翠品种。但比特级翡翠的四种绿来说，要低一个级别，价格要低几十倍到上百倍。

有些翡翠成品肉眼观察明显偏蓝，但还能看出绿色调，其他条件均较好者，价格又低得多，要比特级翡翠的四种绿低几百倍至上千倍。偏蓝色深肉眼观察不出绿色调，灯光照射才见绿色调者，称“见绿油青”。形状好者大粒价格在几百元上下。蓝或蓝黑灯光照射为蓝色调者，称“油青”，大粒者价格在几十元一粒。

有些高翠玉料看上去很暗，甚至偏了颜色，故您一定要拿到阳光下，用暗色金属片或暗色纸片隔着阳光观察，看绿是否正、阳、浓、和，是否均匀及是否有杂质之类。再看阳光透进多少，有些高翠因表面凹凸不平，加之有绿部分较厚，影响光线的透度与折射，致使我们的判断产生偏差。只要在阳光下透过金属片边部观察为正色，而且阳光能透 0.5cm 以上者，则从色与水来说均为好料。这就是别人认为偏了色的翡翠而您敢高价收购的原因，这样的玉料以做戒面或首饰为主，做出的成品它的绿色调与原料上的色调完全不同，变得翠艳绝顶。

有些翡翠全绿通透，颜色正黄味足，聚光手电照射光线可进 5cm 以上、阳光能透进 1 ~ 2cm，翠绿欲滴。这类玉料不能做高档次戒面或首饰品，否则颜色就十分浅淡甚至无色了，若能找出能发挥最大翠色的厚度来设计一些高级工艺品，也是十分高贵的。这样的翡翠比起做首饰品的高翠料价格要低很多。这是在购买玉料时要特别注意的问题。

有些翡翠绿得很鲜艳且色正，但阳光透不进去，聚光电筒照射也只能透进 1mm 左右，这样的玉料它的透明度——水较差、“底”干，它的颜色再好也是上不了档次的，只能为中偏下等甚至下等玉料，做出的成品工艺再好也是卖不上价的。还有一种叫硬钠玉的翡翠，含铬很高、色很翠且深、杂质少，透明度差也是不好的玉种，它只能做一些薄的耳片或两广一带称钱玉的饰品，用来系在腰间或当胸坠以求吉利，饰物薄倒显翠绿晶润了。

2. 黑灰与裂绺。翡翠的色哪怕是最高档次的绿，但其内若有黑与灰，底不净，都严重影响它的价格。翡翠内最怕黑灰与绿溶为一体，这样的玉料若黑灰为后期的铁元素引起，还可用化学方法加以处理，若为高含量铬及铁钛离子引起，则无法处理，这样的玉料要根据黑与黑之间有没有净绿的存在，净绿的地方能做什么等来估价。但一般这些玉料卖方是不敢抛光或只在干净处抛光，故在选购时应仔细观察，它的价格是很低的。

另外翡翠内应无或少白棉石花及筋柳等，再高档次的翡翠石花白棉筋柳多了也将严重影响它的洁净度，价格要降低很多。要根据这些石花白棉之类的多少，再据其他方面的条件来正确估价。

翡翠料也最怕裂纹，裂可分大裂小裂，大小裂并存，高翠料只要裂与裂之间能做标准的高级首饰品，还是可以购买的，因它的成材率很低，价格当然要低得多。高档的玉雕料不但要有较好的翠，而且还要有较好的翠外部分，故裂纹若在翠体上而又无法遮藏的，价格就要低得多，若裂纹在翠外部分，那这块料就好得多。任何用作雕刻的翡翠料，只要您在设计工艺上能把裂纹遮得住、不显露，也还是可以的。但有些通裂是很难藏得住的，说不定要从通裂处切成两块或几块，因为料变小了可能还破坏了绿的完整性，故要很好计算一下价格。凡是好的翡翠玉雕工艺品，除了翠料好、工艺好外，它的任何部位均不能明显见到裂纹。

有些翡翠的绿为散点状、细脉状、片状、做不成标准戒面或其他首饰品的随形绿，做出的饰品不是全绿，其价格要比全绿翡翠低得多。若底很好，能与色很好配合，也可做一些首饰品及工艺品。

3. *翡翠新、老厂及新种、老种*。翡翠有新厂、老厂及新、老种之分。新厂产大部分为新种，这样的玉料再好也比不上老厂产老种玉。老厂产的老种玉结晶细腻、结构紧密、硬度、透射率较高、色彩亮润、色与底溶为一体、搭配得当，做成成品后增色增亮。故同为高翠料，因质量差别很大，老厂产老种玉比新厂产新种，价格要高出上千倍甚至万倍。

对翡翠估价的依据，就是前面所谈的 8 个条件。若达到了称质量好。若绿的重量大、工艺好，那就价值连城，只要卖方愿意卖，买方喜欢买，价格再高也属正常。翡翠的质量是第一位的，其次才考虑工艺的好坏，制作年代的远近等。

但是翡翠原料或成品，它们的质量变化无常，没有固定的标准模式，就是一块全扒了皮的无瑕翡翠，切开后也可能有很大变化。故对翡翠的估价只能有一个原则，而无法制定标准。它的实践性很大，只有多看多买多做经营，才能体验到翡翠定价的规律。

在世界珠宝市场中，高档珠宝价格波动较大，受世界经济状况的影响很大。唯有高档特级翡翠一直看涨，自从有了翡翠市场，特级翡翠一直保持强劲势头。近 10 年来翡翠价格上涨了上千倍。这主要是因为完美无瑕的翡翠产量稀少，且具保值作用，但最主要与东南亚各国及地区（尤其是华侨）的经济快速增长有重大关系，加之东南亚各国及地区特别是华人自古就有爱玉佩玉的嗜好，致使特级翡翠的价格暴涨。目前翡翠饰品有向西方国家挺进的趋势，西方人正逐渐认识与接受翡翠。

二、翡翠戒面评价技巧

1996 年秋季，苏富比拍卖会上出现了一只翡翠镶钻蛋面戒指，长 24.1mm，宽 12.5mm，厚 13mm，碧绿通透，为戒面戒指中难得一见的珍品，在多位买家的追捧下，以 595 万港币成交（图 6－15 左），1995 年秋季苏富比拍卖的一只翡翠蛋面戒指，碧绿晶莹，质地极佳，以442万港元成交（图6－15中），1996年春季佳士得拍卖的一只重10.78ct（长15.5mm、宽13mm、厚6.3mm）的翡翠蛋面戒指，尽管才指甲盖大，但绿如一汪碧水，人称“玉胆”，是难得的老坑翠玉极品，最终以387万港元成交（图6－15右）。按重量计每克拉的价格竟高达37.18万港元。

图6－15　极品翡翠戒面

这几个蛋面都是戒面中的极品，无论从颜色、净度、透明度和种头评价都无可挑剔，如果现在面世，价格还要更高。那么，如何来把握翡翠戒面的估价呢，这里针对用作戒面玉料的翡翠优劣评判谈一点观察技巧。

一块翡翠拿在手里，首先应当从种质上大致判断其价值。行内把致密程度和透明度不同的种大致分为老坑玻璃地、冰地、糯地、豆地、瓷地等，它们之间的价差大致在一个数量级甚至更大，如一个色好的老坑玻璃地的超高级蓝绿端和艳水绿的戒面可达数百万甚至更高，通常的可达数十万元人民币，冰地可数万，糯化地数千元，细豆地千元左右，瓷地的颜色再好价钱也不高，如白地青品种的戒面，就比较便宜。总之种越差，价差越小。

第二步，是对颜色作出客观的判断，这时首先做到的是保持一种良好的心态，一定要从非功利的角度，以平和的心情去评估翡翠的绿色，不要毫无主见地跟着别人的思路走。喜形于色，以为天上就要掉下馅饼，往往就会过高地估计手中之物。第二是正确选择光线，在同一背景条件下观察不同的物体。一般而言，色淡的翡翠在早晨和黄昏观察更美丽，而色浓的翡翠在中午阳光下观察较美。若是镶好的戒面，衬底和不衬底不一样，为了增加色的浓度，珠宝商在制作戒指时经常在色不太满的戒面底下衬一金属片。要对这种戒面作出正确评价，最好取下来透过光进行观察。顺便应当指出的是，衬底还可对瑕疵作一定程度的掩盖。翡翠的颜色由于质地的差异和杂质元素的不同而千变万化，行内光对翡翠的绿色就分出了几十种类型，这很难说清颜色优劣。事实上，不同地区的人对绿色的喜好有一个客观的标准，根据颜色的正与偏，大致划分出正绿、微蓝绿、偏蓝绿、偏黄绿和偏灰绿即可。正绿的翡翠价值最高，若是老坑玻璃种又无瑕疵，一颗10～12mm的戒面现价可达40万～50万元。正绿的翡翠有的绿色如苍松翠柏，有的则艳如一汪碧水。但绿得好又有底相衬托，翡翠才有价值，有的翡翠尽管颜色很浓艳，但种质只达到粗豆地或瓷地，不到千元便可买到，比较适合年轻女性消费。现在广东市面上流行一种黑色翡翠，看上去黑得油亮、润透，透过光可见正绿，市场价一粒戒面已达数千元。另外有一种黄绿色、偏淡，种质是冰地或化地的戒面，售价也在3000～5000元，大粒的更贵一些。

翡翠估价的第三步便是观察戒面的净度，常见的瑕疵有黑点、白棉、裂绺等，可按瑕疵的有无和明显程度分为无瑕、微瑕、小花、中花、大花几个档次，估价时可分别在前面估价的基础上乘上一个净度系数，若以无瑕为1，微瑕为0.75，小花0.50、中花为0.30、大花为0.20，那么，有花的翡翠，价值就要比无瑕的美玉低了50%左右，可见在翡翠估价中净度的因素是绝不可忽略的。

三、翡翠首饰的综合估价

对翡翠首饰成品的估价除了以上所述的评估要素外，还须考虑工艺制作上的因素，具体的工艺评价将在后面谈到。这里介绍两个基本方法。目前，翡翠的估价与其他珠宝的评估一样，通常采用的是成本法和市场比较法。

1. 成本法。不同款式的翡翠成品的成本可以通过累计原材料的成本、加工费（劳动力成本）计算出来。值得注意的是，原材料的成本是公认的购买成本，而不是某个商家的购买成本。由于翡翠在赌石开料环节中，赌涨和赌输的不定因素很多，原材料的购买成本背离市场公认成本的情况时有发生，有时对原材料成本的计算需要同市场比较法结合起来进行。加工费相对比较固定，但各地的工费略有差别，大师与一般师傅的工费也有所不同。

（1）翡翠玉雕件的成本＝玉石原料的成本＋雕刻设计费＋雕刻加工费

在雕刻加工费中，抛光的加工费用用机抛和手工抛光的收费有很大的差别，但制作精品一般采用手工抛光。市面上千篇一律的题材，不考虑设计的成本。

（2）镶翡翠戒面首饰成本＝戒面和副石的成本＋底托成本＋镶嵌加工费

在高级定制中，为突出首饰佩戴的个性化，需对翡翠首饰进行专门的设计，首饰设计稿享有个人专利，不对外公开，不允许复制，需增加专门的设计费用。

2. 市场比较法。市场比较法是翡翠评估的最常用的方法。运用市场评估方法，关键是要进行市场对比分析，收集和掌握市面上与被评估的翡翠片料或成品相同或相似的对比物的成交价格。应注意拍卖信息，注意翡翠拍品的估价和成交价格，对于高档或特级的翡翠首饰或雕件还要注意它们的价格变化趋势，成交的年代，判断确认对比物的价格是否合理，将对比物和被评估物的相应特征和状况进行对比，此时应考虑销售时间、地点、条件等因素，考虑所有相同之处相异之处对价格的影响，得出价格的结论。

在翡翠价格的构成因素中，翡翠的文物价值也是不能忽略的，尽管相对于其他珠宝玉石而言，翡翠是后起之秀，一般不早于清代，但新工和旧工的价格还是有很大的差别。

按照市场比较法的原理，对翡翠饰品的综合估价需要找到一个可以比照的基准价格，籍以进行价值的评估。但翡翠饰品的主要品种首饰类（戒面石）、手镯和玉扣类、花件类、摆件类在选材上是有不同的要求和标准的，在综合估价时对这几种类型的饰品无法找到一个相同的基准价格，因而不同的类型需要分别建立各自的评估模式，通过市场调查概略确定同一大类的各个质量影响因素与价格的关系，从而确定出价格系数。

丘志力对翡翠估价提出了如下的评估公式：

$$P_{饰品} = P_{基准} \times a_i \times b_i \times c_i \times d_i \times e_i \times f_i \times K_2$$

式中的 a_i、b_i、c_i、d_i、e_i f_i 分别代表颜色、质地、净度、水头、大小、形制的价格影响系数，K_2 代表未包含在这些系数中但对价格有影响的因素的系数乘积。

下面以首饰类翡翠为例作一介绍。这类翡翠是指那些小块的，颜色和种、质都较好而裂纹较少的翡翠。这些翡翠通常被加工成戒面，用黄金或白金镶嵌后使用。这类翡翠的影响因素很多，但归纳起来最重要的因素依次是颜色、质地、水头、大小、工艺和净度 6 种因素。可根据实际情况给出每种因素、级别对价格的影响系数。其中 6mm × 8mm 视为正常大小；7mm × 9mm 视为较大；5mm × 7mm 视为偏小；4mm × 6mm 视为小。形制指标是包括工艺水平在内的指标，指戒面的长、宽、高比例搭配情况；不同形态的戒面可以在总价格中以其他因素来考虑，如果是已镶嵌的首饰，还应视款式和镶嵌工艺的好坏来适当确定工艺系数。亮度和饱和度好的其他因素系数可高一些，反之可设在 1 以下。

以上的评估公式比较适用于戒面，但对于摆件这类的花件很难用统一的价格系数进行估计。同样一块大小和质量的翡翠原料，一般工匠做成的摆件可能只值数万元，但名师或巧匠则可能使之变成几十万，甚至过百万。除雕工外，颜色、颜色比例、质地、大小、瑕疵、题材及购买者的鉴赏能力等对价格的影响因素也很复杂，不能一概而论。

对于翡翠价值的评估，除了从材料和工艺上把握外，还须考虑翡翠的人文因素，如在谈翡翠工艺评价时，曾提到玉雕大师的作品往往会有较高的溢价，这就属于翡翠的人文因素，也就是翡翠的文物价值，翡翠的文物价值不光要考虑一个翡翠玉件是否出自名家之手，还要考虑这个翡翠玉件是否有名人收藏或佩戴过，名人的珍藏也可以有很高的溢价。在宋美龄老人100年诞辰时佩戴的一支麻花手镯，1930年用4万银两买下，时隔半个多世纪之后，这支非常美丽的翡翠麻花镯已达到了4 000万港币的估价。

在翡翠的人文因素中，还要考虑的是重大历史事件，有的翡翠作品，抓住了一些重大历史事件作为创造题材，也同样可以获得较高的溢价。我国国家文物局根据《中华人民共和国文物保护法》和《中华人民共和国文物保护法实施细则》的有关规定，特制定了文物藏品定级标准，明确指出，文物藏品分为珍贵文物和一般文物。珍贵文物分为一、二、三级。具有特别重要历史、艺术、科学价值的代表性文物为一级文物；具有重要历史、艺术、科学价值的为二级文物；具有比较重要历史、艺术、科学价值的为三级文物，具有一定历史、艺术、科学价值的为一般文物。因而在评价翡翠的文物价值时，也应当考虑到这些因素。

第四节　翡翠的种类及评价

人们常说，“黄金有价、玉无价”，但在翡翠商贸活动中，无论是从业人员还是消费者，都非常需要了解翡翠的价值，区分翡翠的档次、识别真假。但现在对翡翠类型、档次的分类各异，没有统一标准。各种对翡翠的称呼，常常使人混淆，造成对翡翠档次评定的不恰当。致使很多以劣充好，以假冒真的翡翠商品充斥市场，使消费者无从购买，甚至受骗上当。进行翡翠的分类与质量经济评价是极现实和有价值的。

影响翡翠经济价值大小的因素有很多，但决定翡翠品质的基本要素不外乎前面谈到的色、种、水、地和裂绺、杂质等，影响翡翠成品价值的种即指玉本身的质地和透明度以及颜色的分布特征。晶体细微、致密，玉质会显细润、透明，反之粗大、松散，玉质就会变得干枯、粗糙、不透明，晶质细腻晶隙细微，玉的种质就老，称为“老种”，种越老也越耐磨，作为传世的东西来说它可以千年不损。种新种嫩的翠件，硬度就下降，不耐磨，而且内在的绿色也会看得干涩，没有灵气，所以俗话说“内行看种，外行看色”。人们常说的翡翠的种从玻璃种到冰种、蛋清种、糯种、豆种等，种头由老逐渐变新。晶体细微致密到了隐晶状态就成为玻璃种，即翠中最老的种，种越老，透明度也会越好。豆种的晶体粗大，像豆子一样，比豆种还粗的被形容为马牙种等，这些材料就不是宝石级的翡翠，和普通石头没什么两样。因而，种是一个综合的概念，从中我们可以得到对某一类翡翠品质的整体的印象，因而除了从矿物类型的翡翠分类外，还可以从对翡翠种的分析，从质量的角度对翡翠进行全面的分类，而且这样的分类更具有商业意义。

传统上对翡翠的分类过细、过于复杂，使人在理论上、概念上争论不休，而偏离“分类是为经济评价服务”的宗旨。本节从翡翠“种”、“色”角度出发，在实践的基础上，对影响翡翠质量的因素进行归纳总结，从结构的致密程度将翡翠划分为：老坑玻璃种（图6－16）、冰种、蛋清（芙蓉）种、糯米种、豆种、马牙种；再根据色的特征分出金丝种、白地青、花青、油青、干青、翡、春、蓝花、墨玉、福禄寿种以及铁龙生等17个特征类型。现分述如下：

1. 老坑玻璃种（Old Pit Glassy Species）。老坑种颜色符合“浓、阳、正、和”的要求，颜色浓绿，分布均匀，浓艳而且明亮。质地较为细腻、透明度较好。假若是玻璃地，加上“浓、阳、正、和”的颜色，将使翡翠颜色质感更鲜艳夺目，被称之为老坑玻璃种。玻璃种顾名思义是像玻璃一样透，要求无棉无杂质，就是没有颜色也非常值钱。质地非常细，硬度7左右，在翡翠中硬度最高，也是翡翠中的极品。老坑玻璃种产量极为稀少，可遇而不可求，又因人们喜爱程度非常高，并且需求量大，造成供不应求，使本身非常稀少的老坑玻璃种的稀有性非常突出，也使价格进一步上扬，因此具有巨大的保值作用。购买老坑玻璃种毛料，一般需要（100～300）万元人民币/100g。

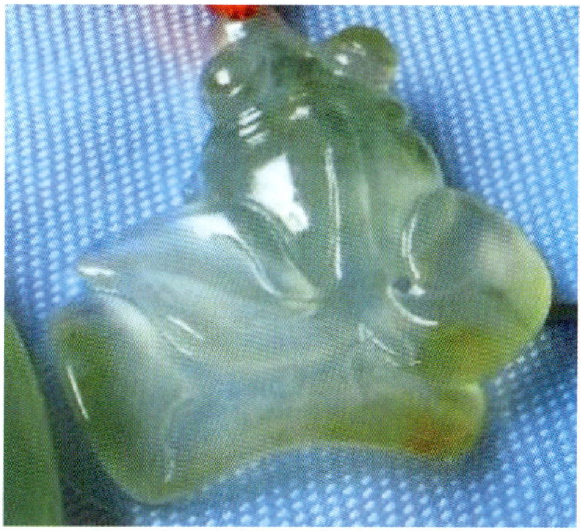

图6－16　老坑玻璃种翡翠金鱼雕件

2. 冰种（Icy Species）。冰种的硬度也高，仅次于玻璃种。比玻璃种要白一些，透度比玻璃种差（图6－17，图6－18）。真正的冰种应该透明、细腻、无杂质或密集的牛毛纹等，形似冰块，可略有云雾感和不明显的纹。如绿色在冰地上，就可取成上好的材料。

图 6－17　有种无色的冰种翡翠手镯

图 6－18　冰种翡翠挂件

3. 糯米种(Glutinous Rice Species)。糯米种(图 6－19)也属于翡翠中的上品,硬度 7 左右,仅仅次于冰种,颜色似糯米一样,在其细糯处,其肉上有油状光泽,细腻,略透明,透明度没有冰种好。在冰和糯之间,也有一些过渡的品种。肉白无瑕细者为上品,如绿色生于糯底上,做出的成品玉润浑圆,有肉感十分美丽。有的透明度要透不透,犹如美女的肌肤一般细腻润透,不仅使人睹物思人,一见倾心。人们常用颜如玉来比喻女性的美丽,而细糯的翡翠也可使人产生美女的联想,难怪好的玉使人怦然心动,魂不守舍,百年难忘。

图 6－19　糯种翡翠

细糯地加化地,再有颜色相配,便可产生诸如水绿晴、天蓝晴等特殊品种,是做手镯的上好材料,次一点的有冬瓜晴等。

4. 芙蓉种(Lotus Flower Species)。芙蓉种就像芙蓉花,香味清淡而悠远,芙蓉种颜色一般为淡绿色，肉眼看其色较纯正而不邪，不带黄色调（图6－20）。半透明或微透明，玉质较为细腻，在10倍放大镜下感觉有颗粒，但找不到界线，这是因为在形成后期遭受重结晶作用的结果，可以说属蛋清地，种虽不是很透，但也不干；色虽不够浓，但清淡，给人的感觉比较清澈，类似中国岫玉。

图6－20　芙蓉种翡翠手镯

芙蓉种产量比较大，较易见到，在中国南方深受喜爱，南方价钱贵于北方，属中高档，总的来说价不是很高。假若芙蓉种翡翠上出现深绿色的脉，被称为"芙蓉起青根"，像这类则属高档货，价格就高，在20世纪80年代香港苏富比拍卖会上有一支芙蓉种手镯，因其上具鲜绿色的脉，竟卖到200万港币。

5. 金丝种（Golden Thread Species）。金丝种指的是翡翠的颜色呈丝丝状分布，互相平行排列，可以清楚地看到绿色沿一定方向间断出现，金丝种翡翠质量视绿条带色泽和绿所占的比例及质地的粗细而定。

6. 干青种（Dry Green Species）（图6－21）。分为两类：一类是指纯的钠铬辉石，是欧阳秋眉女士于1985年发现的。Al被Cr所替代，Cr含量大于50%。矿物分子式$NaCrSi_2O_6$。另一类是指Al被Cr替代不完全，除含钠铬辉石外，还含有硬玉、透闪石等，相对密度3.3，此类翡翠颜色浓且纯正，透明度差，底子在阳光下照射，光透不进去，用聚光电筒照射，最多只能透进1mm的光。此种玉料，玉质较粗，矿物颗粒呈短柱状，在显微镜下为全晶质半圆形粒状结晶，底洁白如雪，绿色鲜艳耐看，绿色一般不规则，呈斑状或团块状出现。在10倍放大镜下观察，其质地比较细腻，往往呈纤维状结构，大多数不透明。

图 6－21　干青种摆件

7. 白地青(Green on White Base)。白地青种的绿、白分明，底色一般较白，绿色鲜艳，虽然水头不好，但是也有很多年轻妇女购买。白地青种(图 6－22)一般只适合做手镯、雕件、挂牌。小型挂件或手镯价格一般在 1 000～10 000 元之间。价格取决于种的好坏和绿色范围大小和色泽。

图 6－22　白地青挂件

8. 花青种(Spotted or Banded Green)。缅甸翡翠中分布较广泛的一种，是根据色的分布形态来划分的。花青种的绿色分布呈脉状，分布较密集或较疏落，颜色可深也可浅。底色可为淡绿色或无色，质地可粗可细。按质地可进一步细分，如豆花花青，晶粒较粗，称豆地，不规则的颜色分布，为花青。另外还有马牙花青、油底花青等。若按色形分布，还包括点状花青，俗称“梅花种”。花青种的价值取决于种的好坏以及颜色的分布范围和色泽。市面上较易见，多用于做小挂件，属中、低档，价格在几十元到几百元。

9. 油青种（Oily Green）（图 6－23）。肉眼观察绿色较暗，颜色不纯，掺杂灰色调或蓝色调，给人一种很沉闷的感觉。油青种的透明度一般较好，玉质细腻，玻璃光泽，但表面光泽好似带油性。镜下见纤维状变晶结构。颜色可由浅至深，若色深时，被称为“瓜皮油青”；若色浅时，被称为“鲜油青”。油青种在市面上较易见，属中低档。在北方比较受人欢迎，南方不太受人喜爱，在北方因受人喜好的影响，价钱略贵于南方。戒面价钱一般在几十到几百元。

图 6－23　油青种翡翠

10. 豆种（Bean Species）。翡翠豆种是一种很常见的翡翠种类，豆种是一种非常形象的称呼，它的特点是颗粒比较粗，透光性较差，硬度较低。当组成翡翠的晶体呈短柱且边界较清楚时，看起来很像一粒粒的豆子，所以叫豆种，它的种类很多，如豆青种、冰豆种或水豆种、油豆种、细豆种、粗豆种等等。当颗粒很细时，便接近糯种的质地。

11. 马牙种（Horse Tusk Species）。质地粗糙，玉石中矿物呈白色粒状，透明度差，俗话说：“水分不够或水头短”。肉眼看上去有点像瓷器一样。在 10 倍放大镜下观察，能清楚见到绿色中有很细的一丝丝白条，虽然绿色较绿，但不够均匀，且分布不规则。马牙种很少用于做戒面，多做挂牌、指环等，马牙种在市面较易见，属中、低档次，价钱不高，几十到几百元。

12. 翡（Red）。可分为红色翡与黄色翡两种情况。古人认为红色玉代表了吉祥如意，红色玉甚至被人说成是经过陪葬后，浸透人血而成，当然这是不科学的。正因为这种迷信色彩，反而加重了红色翡翠的需求，古时红色翡翠的价钱就很高（图 6－24）。

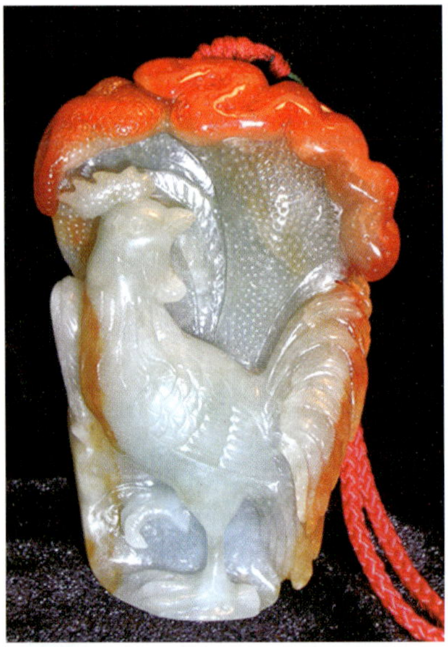

图 6－24　上品的红翡，红如鸡冠

13. 春（Violet）。紫色的翡翠，紫色俗称春色，紫色一般都较淡，好像紫罗兰花的颜色，也被称为紫罗兰色。根据紫色的色调不同，可分为桃花春、粉紫、茄紫、蓝紫。

（1）桃花春：如桃花般的红紫色，质地细腻，透明度高。

（2）粉紫：紫色中带微微的粉红色，质地比较细腻，半透明，内部棉绺较多，在被作为底色使用时，称“藕粉地”。

（3）茄紫：紫色中带有茄子般的红色，一般质地粗糙，肉眼可见其矿物颗粒，透明度较差，内部有大量棉绺，但质地好的也可达到冰地。

（4）蓝紫：紫色中带蓝、质地粗糙，肉眼可见矿物颗粒，几乎不透明，敲击声音混浊，档次极低。

因春色淡，所以做戒面极为少见，多用于大型雕件及小挂件。若是紫色深的，质地细的，透明度高的则十分难得，是高档货，如艳桃花春，成品价值上万，可到 15 万元人民币一件，深受欧美人喜爱。在选择春色翡翠时要避免黄光，因黄光会使紫色加深。

14. 飘兰花种（Spotted Blue）。颜色绿中发蓝，呈绿蓝色，是透闪石化，阳起石化的外观表现。用肉眼观察色邪不正，透明度差，质地一般，内部有大量脏黑时，属于低档玉料，但底干净的也可达到中等质量。

15. 福禄寿种(Three Colors in One)。是指一块翡翠的石头上同时有绿、红、紫(或白)3 种颜色,它象征着吉祥如意,代表着福、禄、寿三喜,故称为福禄寿种。透光性也根据石头的差别变化很大,可以是玻璃种、冰种、豆种、糯米种、粉地等,假如它有种有色,那就价值不菲了。

16. 铁龙生种(Htelongsen)。铁龙生为缅语译音,意思为满绿色(图 6-25),但结构粒状,结合方式比较松散,透光性比较差,硬度较差。物理性质:相对密度 3.30~3.33,折射率为 1.66 左右,主要矿物成分为含铬硬玉。

图 6-25　铁龙生翡翠

17. 墨翠(Black Species)。黑色翡翠被称之为墨翠。墨翠是翡翠的一个品种,颜色为黑色,总体上来说透光性中等,厚时不透光,但切成薄片做成雕件时为墨绿色,薄(1mm)时可透光;比较均匀,抛光度较好。墨玉成品深受台湾、香港及东南亚人的喜爱。在玉雕中有一类题材非常适合用黑色翡翠来表达,如钟馗捉鬼、黑旋风李逵等等,黑色被视为权利和正义的象征。黑中透亮,并透出绿色的翡翠也是价值较高的,一般外观呈黑色和深灰色。

市面上见到的黑色翡翠可分为绿辉石玉的墨翠、钠铬辉石玉的墨翠和硬玉玉的墨翠。其中绿辉石玉的墨翠品味最高。

绿辉石玉的墨翠颜色呈灰绿到深灰绿色,在透射光下呈墨绿色,颜色深的品种在透射光下有铁灰色的光泽,很有特色。

当钠铬辉石玉中钠铬辉石的含量较高时,整体的外观就会呈现出灰黑色或深墨绿色,成为墨翠的一个品种。大多数钠铬辉石玉质地不高,水头较干,透光度不好,内含有不少铬铁矿的残余。少数钠铬辉石玉较纯净单一时,可形成乌骨黑色的墨翠,质量较好。这种墨翠折射率可高达 1.72,同时在强反射光下可见到墨绿色。

硬玉不具有黑色,但硬玉集合体在地表风化作用下在靠近外壳的部分形成半风化带,即黑雾,在晶粒的间隙因充填了黑色的氧化物形成黑色。如果黑雾有足够的厚度,颜色又均一,就可以当墨翠来使用,黑色如果与白色的玉肉结合使用,就会产生意想不到的俏色效果。

硬玉玉质的墨翠往往结构不够致密,粒度较大,颜色不均匀,在透射光下呈灰黑色,这时容易看出黑色沿柱状颗粒边缘或小裂隙分布的特征,因此不难将之与绿辉石质的墨翠区分开来。这种墨翠用来做戒面价值一般不高。

在实际翡翠商贸活动中,还可以碰到一种有种无色的翡翠。有种无色是指颜色色少、色淡或无色,半透明,质地细腻的玉石。肉眼仅可见个别纤维状的硬玉矿物,内部无杂质、棉绺,石花较少,击之声音清脆似金属。偏光显微镜下为纤维状变晶结构。原料若是够大的话,一般都用来做成手镯,手镯表现为清澈透明,水清地好,佩戴在手上给人冰清玉洁的感觉,深得广大女士喜爱,块体大的较稀少,属高档次,成品价格一般在 5 万 ~ 15 万元人民币。

另一个品种可以归结为一个字:脏。"脏"是翡翠中的劣质品种,包括芋头地、狗屎地、香灰地等,肉眼观察不透明,质地粗造,可见矿物颗粒大;10 倍放大镜下观察内部杂质较多,具有石花、石脑,色极不正,杂有黄、褐、灰等色泽,在市面上较为常见,是极低档次,几元到几十元即可买到。

前面在第三章曾提到根据翡翠的矿物组成可以分出若干类型,而在品质上又可根据其经济价值的大小把翡翠分为 3 级。

特级:又称帝王翡翠,颜色翠绿(祖母绿色),色纯正,浓艳,均匀,透明度高,质地细腻,无裂隙。这种翡翠十分难得,价格极为昂贵。

商业级:又称商业翡翠。这种翡翠的绿色中常夹杂有其他色调,绿色浓淡分布不太均匀,半透明—不透明,质地致密细腻,色较艳,透明度较高者为上品,价格也较为昂贵。

普通级:又称普通翡翠,颜色多呈淡绿色、豆绿色、菠菜绿、油绿色等不鲜艳的绿色。浓淡不一,分布不均,大多不透明,结构较粗,常有裂。优质可用于首饰,大多用于制作工艺品。

老坑玻璃种、冰种、金丝种的翡翠往往可以达到特级;糯种、花青种和细豆种的翡翠可达商业级或中级;粗豆种、马牙种和油青种的翡翠一般属普通级。但这种划分不是绝对的,比如白地青的翡翠如果非常细糯,价值可以很高,但如果是粗豆或干干的豆地,则是很普通的翡翠。油青种如果只有灰调子,价值很低,但如果含浓绿也可以价值很高。因而同种的翡翠应当注意质地的好坏(图 6 – 26)。

图 6 – 26　不同绿色调的油青种翡翠

第七章 商贸实战

第一节 翡翠商贸的历史回顾

我们大多都听说过东起中国西安、西至欧洲的“丝绸之路”，但是你可知道在中国西南也有一条通往西方的“南方丝路”？

中国南方丝路古道也称“蜀身毒道”，总长200km，是中国最古老的国际通道，早在距今2000多年的西汉时期就已开发。它以四川为起点，经云南的昭通、曲靖、大理、保山、腾冲，从德宏出境；进入缅甸、泰国，最后到达印度和中东。与西北“丝绸之路”一样，“南方丝路”对世界文明作出了伟大的贡献，在西北的“丝绸之路”，我们的祖先从西域引进了和田玉，而“南方丝路”，则打开了一条翡翠商贸的通道(图7-1)。

图7-1 西南异国风情——傣族佛教寺庙与翡翠边贸口岸瑞丽姐告中缅街

我国最迟明初就发现了翡翠，但其商贸的发展却十分缓慢。从出土的文物以及国家和民间的珍藏来看，明代到清前期的饰物及佩件极少，就是一个有力的证明。许多老一辈相玉行家认为：明代至清前期，翡翠产出及交易量极少的主要原因是产玉的缅北地区多崇山峻岭，林海无垠，道路险恶，且有蛮烟瘴气，毒虫蛇蝎。加之当地的土著民族当时尚未开化，出于对外族的防范心理，他们采取"自闭"措施。这些诸多不利因素，使最先进入玉石产地探矿寻宝的先驱者，一般都收获甚少，如果遇上瘟疫和劫掠，那必然九死一生。所以在明清时就流传着"要走夷方坝，先把老婆嫁"的民谣。据说翡翠最初的发现还与古代经商的马帮有关。

相传在"南方丝路"古道上常有马帮出入，大约在13世纪中期，一次一队马帮驮着木材香料从缅甸回中原，一匹马的马垛不平衡，赶马的商人顺手在路边捡了一块石头压在马垛的一边，马到了中原，卸了货，石头也就被商人随手扔了。不知过了多少时光，一个雕玉师傅从此路过，远远看见阳光下一块绿色晶莹的东西，走近拿在手里细看，绿色光又不见了，只是一块灰白的石头，中间微微出现绿丝，拿回去切开一看，哇，里面晶莹剔透，颜色鲜艳，翡翠就这样被发现了。

明代晚期，中缅边境政局相对稳定，缅北产玉地区的政治、经济、文化皆有了很大的进步，交通也有所改善，此后，各地商贾大量涌入"迤西"地区（腾冲、龙陵、德宏州及缅北边境），出关互市，岁不下千百人，缅人以珠宝玉石易铜斤数十万，以珠宝玉石为龙头的中缅贸易才逐步活跃起来。

到乾隆48年（公元1784年），中缅战争爆发，边界被封锁，断绝了外交及商贸的往来。10年之后，"继两国修睦，商人渐进，丝棉往来，裕国通商"。

1800年，缅明当王执政时，他制定政策，发布文告，鼓励中缅贸易，并于1806年在场区设置了税局，开拓了以孟拱为中心的翡翠交易市场。同时派军沿途设置关卡，保护商民，使翡翠的贸易迅速兴旺起来。从云南来的采掘者，从北京、上海、广州等地来的各种商贩接踵而来，加上做零工的本地土著，"玉石场的人数已增至数千人，采掘场面日渐宏大，输华数量与日剧增"。

1825年，英缅战争以后，英国为了加快对缅甸的掠夺，对缅甸全境各矿区增大了投入，加快了勘查与采掘。但由于英国人没有玉文化知识的积淀，对翡翠不善经营，连年亏损，以至于把这种在中国人眼里的无价之宝，看成了"灰色的石头"，最后不得不将翡翠的开采、贸易和税收悉数承包给云南人。尽管如此，这一时期，翡翠的总体贸易是上升的。

1840年，中英鸦片战争爆发，中国商民为了抵制英国的侵华暴行，全部撤出玉石场区，昔日人喊马嘶的玉石场顿时冷落下来，采掘者寥寥，直至1860年，中英关系趋缓，玉石贸易才渐渐好转。

清末及民国初年，爱好翡翠的风气日盛，加上欧亚各国对翡翠也有一定的需求，玉石贸易量急剧上升。光绪28年（1902年）玉石进口量为271担*，至民国6

---

* 注：中国旧时的"担"合100市斤，即国际单位50kg。

年(1917年)已升为801担,这一时期是翡翠商贸的鼎盛时期。根据《粤海关志》记载估算,清末51年间流入我国的翡翠玉石多达6 708t。

在当时的翡翠市场,上好的翡翠被用来制作朝珠、龙钩、扳指及手镯、戒指等供达官显贵和他们的家眷享用,差一点的料做烟杆、烟缸、发簪、一般的手镯等,普通平民可以买得起。当时,从三万两万(光洋)的翠扳指到三千两千的翠镯、三百两百的挂件,三十二十的耳坠、三元两元的烟嘴,翡翠制品的流行非常广泛,满足了各阶层的需要,因而社会上的收藏量相当大。

1942年夏,日军入侵缅甸,5月,缅北密支那沦陷,继而我国的瑞丽、畹町、芒市、龙陵、腾冲先后落入敌手。中印公路被完全切断。日寇的封锁给珠宝玉石的流通带来了严重的影响,翡翠商贸遭受了巨大的损失。抗日战争胜利后,整个亚洲疮痍满目,民不聊生,经济一片萧条。饥不能食,寒不抵衣的翡翠销量已不足100担,市场低迷,贸易锐减。

20世纪50年代中后期,我国国门关闭,中缅贸易萎缩。60年代,由于历史的原因,整体珠宝加工及进出口贸易已基本停顿,翡翠市场迅速转往泰国的清迈。自从我国改革开放以来,随着国门重开,许多珠宝市场迅速兴起,整个玉石贸易量达到了历史最高水平,出现了空前的繁荣的景象(图7-2)。近年来,整个翡翠场区,投入了大量的人力,使用多种现代化大型机器进行开采,开采量急剧上升,低档料大有供过于求之势。

图7-2　腾冲著名翡翠之乡——荷花乡

第二节　翡翠商贸实战

一、翡翠进货渠道

缅北是世界高档翡翠的惟一产地，原料市场也基本分布在缅北翡翠产地帕敢周围，而云南与缅甸接壤，翡翠原料和制品的进货渠道主要集中在云南的各个边境口岸，尤其是滇西北的腾冲、盈江、瑞丽等地，1998 年 3 月，缅甸正式开通其惟一的翡翠陆路出口通道——与瑞丽姐告一街之隔的木姐市，容许翡翠毛料以边贸方式进入瑞丽，2000 年 8 月，国务院批准瑞丽姐告边境贸易区实行全国惟一的“境内关外”特殊监管模式后，瑞丽翡翠玉石集散地的功能迅速扩大，翡翠玉石交易日趋活跃。海关统计数字表明，在缅甸年产的 20 000t 翡翠毛料中，约有 6 000t 流入我国，其中通过瑞丽这条“翡翠之路”进入的占到了 4 000t。此外，广东的四会、平州、广州、揭阳等玉石交易批发市场，也是翡翠毛料和制品的重要集散地。如果要直接到缅甸进料，可以从滇西北的几个边贸口岸出境，直达帕敢或瓦城等毛料产地或集散地。从腾冲和盈江口岸进入翡翠产地路途较近，历来是翡翠原石贸易的主要口岸，而瑞丽毛料和成品市场都很繁荣，要采购成品翡翠也可去瑞丽的畹町、姐告等珠宝市场，但要注意，有不少成品来自广东的几个玉器加工中心。如果资金量大，也可参加一年两次的仰光珠宝交易会，通过翡翠毛料的公盘进行原料的交易。由于历史上翡翠毛料的运输路线在中国境外长达 1 000多公里，且多是密林深处的山道，而云南与缅甸接壤的边境线相当漫长，故云南边境口岸大多开展翡翠玉石贸易，因而在这些口岸都有可能开展翡翠买卖，昆明则是缅甸翡翠从这些口岸销往中国内地的重要集散地。

二、如何起步

开始做玉石生意时，除特殊情况外，一般不要购买价值太大的色料。因为开始时你的鉴别技术较差，经验少、无名气，交易场上对手又多，因此，很难把价值高的玉石卖出去，时间一长好货也变成“坏”货了。

做宝玉石生意已有一段时间，而且资金雄厚时，最关键的问题是：动用你总资金的 60% 去购买玉料，剩余的 40% 备用。一旦你的玉料滞销或行情有变，还可动用剩余的资金来补救。近年来许多公司做玉石生意，都吃亏在不给自己留退路，把所有资金压在一、两块玉料上，以为马上就能成百万富翁。结果事与愿违，买来的货全部造成积压。

要购买各种档次的玉料，服务于各种层次的客户。但各种档次玉料都应精心挑选那些带绿、无裂、透明的品种。低档次无色玉料也要求透明、少裂、干净或玉料皮上显示内部可能有绿的玉料，千万不能不经挑选大堆购买。

购买玉料前要预测行情，有的放矢。即使用来做成品的原料也要预测行情。1987 年底低档砖头料在国内外都已饱和，由于信息还未反馈，边境一带仍在抢购砖料。结果 1988 年就有许多单位倒闭在砖头料上。又如在亚洲金融风暴来临时，台湾经济不好，日本、南韩经济也未必乐观，而台湾是世界上翡翠进口最多的地区，所以直接影响高档翡翠的销路。

在选购玉石原料时，应明确是自己加工还是买来再出售。若为自己加工首饰，在购买时就须仔细挑选，一定要有六成以上的可靠性，否则加工不出你所想做的成品来。若只是为了卖原料，只须买那些开口处见绿又有吸引力的玉料就行了，当然也要认真挑选。

除特殊情况外，一般不要把自己的原料拿到外地出售，因为货到地头死，只要有信誉，酒香不怕巷子深。摩太曾遇一块 19kg 色料，货主成本 58 万元，摩太给他 70 万元。本来货主可以十分省事，交货付款后 12 万元利润便到手了。但听说摩太给 70 万元，他便想可能这块色料值几百万，拿到特区，买主纷纷压价，最后以 36 万元亏本出售。实际上中缅边境一带更能卖好价。

如果是私人投资，若自己不懂看货鉴定，那是很危险的。自己有钱又想做玉石生意时，开始投资少一点，大胆去购买，摸索经验。即使是请有经验的人同去购货，也只能让他提建议，决定权应在自己手里。这样做几次经验就有了，就是亏了本也知道为什么，买个经验也是值得的。

如果是购买翡翠成品，也应当尽量选购那些地子干净，没有明显裂绺而且透明度好的品种，一般人们都喜欢有色彩的翡翠，玉上哪怕是带上一点点绿丝，都能够引起消费者极大的兴趣（图 7－3）。对那些既没有颜色，种头又不好的货，最好不要碰，那种货卖不出价钱，也很难出手。

图 7－3　种好飘翠的品种

任何高档次的珠宝翡翠交易，都承担着巨大的风险。它是智慧、毅力、胆量与素质的较量。甚至可以说搞翡翠交易就像大赌博一样，稍不留神可输尽赔光。故在翡翠交易中应头脑清醒，反应敏捷，提高自身素质及技术，在这处处有陷阱的行业里，力争处于不败之地。

三、翡翠交易秘籍

1. 商场如战场，知己知彼才能百战百胜。做翡翠生意，首先要具备良好的心理素质。

（1）搞翡翠交易要敢于冒险，善于冒险。自从有翡翠交易以来，冒险就与暴富紧密联系在一起。冒险性愈大，暴富的希望也愈大，当然关门倒闭的可能性就更大，就看您怎么冒险啦。在购买百万元以上的色料时，也可买上一、两块色料去赌一赌。但有个前提，就是赌输了，总体能把钱赚回来。再者买赌货时，要看货从何地运来，若玉料从瓦城（曼德勒）等繁华地区来，一般不要买。因为那里的人很有经验，能把每块玉料研究透，哪个地方应开门子，什么地方应开个口，做到了家，使我们无利可图。但若是从缅甸矿山或密支那，兵荒马乱时来的货，在来不及研究的情况下运到我国边境，再经过我们认真仔细挑选，一般来说赌赢的可能性还是很大的。若为名坑所产翡翠，一旦赌赢，那就变为巨富。这就是善于冒险。搞玉石生意不冒险，怕冒险，就不能成气候。

（2）搞翡翠生意的人，要求个人素质好，要赢得起，输得起，不坑人不怕人，成交了的就要付款算数，就是价出高了也要认。买了假货就扔掉，不能再去出售害人。要敢作敢为，有男子汉的气质，才是真正珠宝翡翠商人的气概。有一年摩太的一位学生跟摩太下边境，买了一小块色料，价值几万元，拿回家后才发现为人工粘合的假货。因与货主十分熟悉，看货时就放松了警惕，看走了眼。摩太经手所购翡翠已达几个亿，还著书立说，教别人怎么识别真假，自己竟也翻了船。此事说明，买翡翠时一定要认真小心对待即使是自己熟悉的人也不能马虎。

（3）做翡翠生意要充分相信自己，有必胜之信心。看货买货时外界的意见只做参考，不要受干扰。无主见，优柔寡断，听信别人，前怕后怕，都是做珠宝翡翠生意的大忌，是成不了事业的。摩太一次买了几件很高档的翡翠件，很多人都认为是B货或假货，摩太反复观察研究后，十分自信地认为是绝对的真货，并毫不犹豫地付款成交，结果创十几倍的利润。再如，摩太的一位好友张某，听人说某处有一块色料，十分地好，某名人已出价几十万元了，货主还是不肯出手，就差5万元就可成交了，张某也从旁了解一些朋友，都说果真如此。张某赚钱心切，独自偷偷与货主谈价，结果以加5万元而成交，经鉴定为人工上色，张某马上休克倒下，半天才醒过来。买货款是公款，张某很害怕，想赶紧把钱赚回来补上公家的洞，铤而走险去做毒品生意，被判20年。所以在购买高档翡翠时，一定要有主见，防止别人设下陷阱，在买卖中往往卖主买通一些人明里暗中为他办事，甚至自己手下人都可能被买通，无主见听信别人往往上当受骗。

（4）翡翠从缅甸进入我国边境的商行后，首先看货购货的人，往往不能成交,因为玉商刚把货运来,总想试探性地摸摸底,卖个好价,火气很旺,一般要叫多人看过并还了价后,货主知道他的货并卖不了那么高时,才会降温,故往往后来看货的人成交的可能性很大,而且价格也较合理。翡翠商人经常遇到这样的情况,最先看货的,还了一个价后,结果人家在他给的价上再加一点就买走了,为他人作了嫁衣裳。所以才进商行的翡翠,要等等看,观察后再购买,最好的办法是“黄雀在后”。

2. 通过生意场上的摸爬滚打,学会察言观色,逐步积累社会经验,分清各色人等,建立良好的人际关系。

(1)若要做高档翡翠生意,开始一定要让熟人领你进入这个圈子,否则有钱也买不到好货。有报道说,云南边境根本无好翡翠云云,其实并非如此。特高档的翡翠还是有的,只是没人领你进入这个圈子。若你不是去买好货,而只是去参观考察学习,那也是看不到好货的。价值连城的翡翠,不是在大街上卖西瓜,想看就看,不买就走。就是圈子里的人,卖方之间决不打听相互情况,买方看后,买与不买都不向外透风,更不对这块玉料说三道四。这是规矩,也是为了安全,防止出现意外,所以有许多人到边境只见到满街的巴基斯坦人在叫卖宝玉石,即使你去了公司商行,货主也只给你看一些中低档次的玉料。只有你与他们搞熟了,并有生意往来了,双方取得了信誉时,才能见到真货好货,而这些人又是十分讲信誉的。你了解了以上情况后,就应该知道,找上门来叫你买玉料的人,手头的货是好是坏了。

(2)在做翡翠生意时,千万不要与货主合资共同去切赌玉料,这是十分危险的。往往输家是我方,这在玉石买卖中是经常出现的。有一块玉料,为新后江玉,3kg 多,未开口,有一点绿的表现。货主与一家公司经理谈好,此玉定价 50 万元人民币,再加税收 5 万人民币,双方各出一半,拿到省城去切割,若涨了双方分利,若切垮了,买方公司应出 27.5 万元,结果割切下来不值 1 万元。实际上货主收的 27.5 万元里早已赚了许多。这是货主用计谋,利用我们赚钱心切的心理,加上半生不熟的技术,让你以为双方的利益是拴在一起的,还怕什么。

(3)在翡翠交易时,卖主往往把他的货说得好得不能再好,好像不买他的货就要失去一次赚钱的机会。但你都要向相反的方面去想,即此玉并不怎么好,实际上好玉料出售时,货主一般少言寡语,内行人一看即知货真价实,只不过是价钱的多少而已。

在边境购买玉料,尤其是高档玉料时,能否成交,都不要在社会上的同行中对这块玉料或成品的要价、还价及缺点或货主是谁等情况说长道短。

3. 在实战中,逐步积累相玉经验,掌握购玉的技巧。

(1)不买没有开窗的赌货。一块翡翠原料从矿山开采出来,都有一层厚厚的皮。在未运往中缅边境以前,在缅甸境内玉石矿山如密支那、卡拉洋、洋人街、曼德勒(瓦城)等地,要经过许多玉石行家详细研究,精心打磨,行家的文化可能不高,但在对玉石的研究方面比我们强百倍,因而,有一层皮包裹的或没有开窗的玉料称赌货,最好不要买。因为这样的玉料从缅甸矿山辗转到各个集散地,经过许多人的研究,已经认定切开是要失败的,故才拿到中国出售。他们做玉石生意已有五六百年的历史,积累了丰富的经验,一块玉石上哪怕只有一点点绿,他们都会找出来的。除了个别幸运者外,很少听说有买赌货发家的。

(2)有句行话叫多看少买,不管是翡翠原料还是成品,最好到信誉好的公司或个人那里去购买。要多看几家,看的过程也就是学习的过程,有了比较,才能有鉴别,才能摸清行情,了解各档货的价位,通过对比后再决定购买哪一家的哪几块料,千万不要盲目。

(3)培养自己对绿色色调的判断能力。一块玉料上的绿,做成首饰后与原料上的绿有很大的区别。原料上的绿抛过光或未抛光都与成品后的绿不同。故一定要在生活中及在翡翠的生产过程中对绿色调详细研究,准确判断。要注意用聚光电筒观察玉石,但那只是看玉石内水——透明度的好坏与裂纹杂质的多少,决不能在聚光电筒下观察绿的好坏。任何正的绿或偏的绿在强光下,色调都会变得很好,常使人的判断产生失误。

(4)缅甸所产翡翠,因产地不同,质量相差很大。识别好坏的方法也不同。故在购买挑选原料时,一定要掌握每块玉料的产地特征。如后江玉的特点是愈小色与水愈好,它的皮薄且见草绿色蜡皮,但裂纹多。后江玉又分老后江玉与新后江玉,均为河床沉积。老后江玉的密度、硬度均比新后江玉要大,故老后江玉多沉积在河床底部,而新后江玉却沉积在河床沉积层的下部且块头较大。老后江玉抛光后比原料上的颜色要更翠更亮。而新后江玉原料上的颜色很好,做成成品后会减色。又如黑皮乌砂玉,只有在绿很集中又很大时才能用,若绿很散要用底来衬托时,这块料最好不要买。因为乌砂玉的绿以外的底一般含铁多呈灰褐色,配在一起就把色糟蹋了。再如灰卡玉,它的个头大,整块大料只有局部水很好,把水好处切片给你看,若不注意其他部位就会上当。整个缅甸玉石矿山有近 25 个产地。我们应在实践中把它们都搞清楚,在购买挑选翡翠原料时就会如鱼得水。

(5)在挑选翡翠时,要选那些表皮上颜色变化大,并有黑色条带与斑块的玉料,以及那些表皮隐约可见苔藓状物与表皮光润的玉料,这些迹象说明玉料内部有绿,而且底干净,水好裂纹少。缅甸有位张某,在瑞丽县出售 270kg 的帕敢玉料一块,未开口,要价 70 元/kg。此玉表面平整光润,上水后隐约可见淡红色彩及不明显的淡绿苔藓,并明显观察到前期生成之碳质条带(碳元素对铬元素有吸附沉积作用)。经初步认定,此玉内部有可能有春(翡)有彩(翠),水好裂纹少。切片结果比预料的还要好,使这块玉料的纯利润达到83 000元。此玉是很特殊的例子。后经了解,当时缅甸境内查得很严,从矿山挖出后,还未来得及研究就运到了我国边境。

(6)不要以这次卖了一个好价钱的经验,去投更大的资金。有些人用不怎么好的玉料,卖给不太懂行的人(在玉石买卖中不懂行的人,大多充自己十分内行),结果卖了一个好价钱,他以这块料为经验,又去买这类料,甚至不惜高价去购买,结果吃了亏。这在宝玉石界是常有的事。如国外有位因买了一块乌砂玉而发财的人,第二次到边境时就自称乌砂大王,见到黑皮乌砂就要买,结果买了近百万元乌砂玉,通过切改加工后收回的资金不到成本的1/10。乌砂玉因“底”大多数带灰黑,水不好,只能用色,不能用色以外的部分。且大多数乌砂玉的绿不集中,呈星点带状分布,很难使用,故买乌砂玉一定要十分小心。

(7)翡翠之所以较难识别好坏,其主要原因是有一层厚厚的皮,所开门子及擦口,又不能完全代表整块玉料的好坏(图7-4)。故在挑选翡翠时,一定要从切口及整块玉料来研究绿色的走向、多少、集散程度与颜色的“偏、正、浓、淡、阳、和”,水的长短以及裂绺杂质的多少等等。从切口处见到的绿,能否进到玉料内部,能进多少,绿进去后可能出现的绿色、裂绺、杂质的变化等都要考虑。但最好的办法是见多少绿给多少钱(见到的绿能做什么、能卖多少,加上利润)。

图7-4 开窗的粗糠砂皮玉料

在开切口时,一定要看切口的盖子。有时盖子上有许多颜色,而在里面的主体原料上颜色十分稀少,一看盖子即知越靠里颜色越少,故卖主往往拿开切口的盖子不让人看。对这种切了口而没有盖子的高档料,购买时应特别小心。若玉料已切下一小片,称开门子,这时一定要看所开下来那片玉料,要从两片玉料的合缝看绿在整块玉料上的延伸情况。有时在购买玉料时,已开了门子,但不见开下来的那一片。这可能说明小玉片上有大块绿,而开口大料上绿变少了,有经验的人就可看出绿色进入大玉料的机会不多而不出高价,故卖主不愿拿出小片玉料给你看。

若是大玉石原料上擦小窗口,可口口见绿。但要想到,若绿很多,为什么不切下一大片,让我们看个明白,也好给一个好价钱呢! 这样的玉料最好不买,或以砖头料的标准还价。事实上大块玉石开小窗、擦小口的玉料一般裂纹较多或底较差,问题较多,故不敢开大口。

有些玉石原料上有镐的口、断口或切口,用灯照射绿得可爱,但就是不抛光。这样的玉料一定是裂纹太多,水不好,绿不正或绿内夹黑等原因,不敢抛光,一抛光缺点全部暴露出来,遇上这种情况,可指出部位让他抛光后再出价。摩太曾见到一块5kg的色料,有1/3全是绿带,全部扒皮看得清楚。但只在芝麻大小范围内抛光,要价500万元,摩太给最高价80万元,谈判破裂。最后广东有人以300万元买去。后香港有人愿出500万港元购买,广东人觉得赚得太少,于是就自己加工首饰,结果因绿内夹黑只收回120万元,亏了180万元之多。

翡翠的切口或一大片都是绿,称满绿,对这样的一片绿,一定要仔细观察。民间言“不怕一条线,只怕一大片”(指绿)。这一片绿往往是沿着绿的走向即平行绿的方向切一刀所致。实际上绿的厚度只有薄薄的一层。有些高档玉料,研究者认为内部有高翠,用刀一切,情况不好,就原封不动粘合起来再出售。这时购买者要仔细观察欲购的每块玉料,若发现疑点可用小刀在玉料上刻划,找出粘合线,也可用前述的温水法测试,若粘合线上有气泡溢出,那么这块玉料一定粘过。但那些在热水中的玉料,若只是表皮粘附着一些处于静止状态的气珠,不在此例,那是因为玉石放入热水中时带入的空气所致。摩太曾用这种方法识别了许多粘合过的要价又很高的翡翠原料。

有的新厂玉,为了叫人看上去像老厂玉,往往用火烧,或因敲口处水不好,绿不正,用火烧使人看不清,高价出售。有部分乌砂呈黑皮,事实是用人工把硬钠玉(表皮绿)的外表皮做黑再擦小口,卖高价。

此外,在购买玉料时防止急燥情绪。购货时不要定任务下指标,指令非要完成多少款才行。款买不完就乱买,结果只会造成此人或此单位在玉石界昙花一现。

在国内购买宝玉石时不要太相信宝玉石的鉴定书。许多人误认为附有鉴定书的宝玉石就一定可靠可信了,这是十分荒谬的。鉴定证书也许能鉴定出原料的真伪,但神仙难断寸玉,就像买股票一样,谁也无法保证你购玉只赚不赔。故购买者应该避免到那些只把鉴定书当幌子的公司去购买宝玉石。

四、翡翠相玉估价实例

确定翡翠玉石毛料的真伪，是翡翠相玉的第一步，在确定真伪之后，就要对翡翠玉石的价值作出客观的估价，由表及里，完成相玉的整个过程。这里介绍一个估价的实例。

在1994年的缅甸仰光春季珠宝交易会上，展出了一块稀世大玉（图7－5），相玉名家周经纶先生亲自前往相玉。

图7－5　1994年的缅甸仰光春季珠宝交易会上展出的稀世大玉

据估算，这块大玉重1.5t，绿带绕玉一周，周长140cm，宽3～8cm，8cm处水色为高级蓝绿，入里可翻成蓝水绿，估计可取15～18kg净翠圆块，可取一匹水的全色手镯15支以上，1支上千万元，合估价数亿元。

翡红茄春磨开约50cm，长约75cm，估计可穿透整块岩石，估计重约500kg，至少可取800支镯子，估价上亿元。

这块大玉采自帕敢三协厂口，在翡翠历史上是空前的，这是翡红茄春同体内含冰地艳春的绿色带子玉翡翠原石，皮壳为中糠砂，砂翻，属老种玉。周经纶先生相玉结果认为，总价应达数亿元。

第三节　翡翠商贸新业态

传统上翡翠商品的销售靠的都是散兵游勇式的行销，而且还带有很多神秘的色彩，如暗室交易，握手谈价等等（图7－6），据说在国外某地，至今翡翠开价还捏手指。这种交易方式还闹出过不少笑话。一次，一年轻人与外国老板捏，本来只是300元，捏错了，成了300万，外国老板说没有钱，等他回去拿，年轻人觉得奇怪,这么有钱的老板300元付不出,过了一会老板推着小车拉着钱来了,还有个卫兵守着,卖货的虽说是年轻人,看到那么多钱一下子吓呆了。

传统贸易方式在市场不大的情况下还是有效的,如有些旧时代的珠宝大王,以达官贵人作为主要的销售对象,专门为皇宫后妃、富家小姐太太提供服务,甚至上门推销,名噪一时。但在市场日益扩大,信息传播、远程支付和配送迅捷的现代社会,这种销售模式已经大大受到了限制,因而翡翠商人也正在寻求新的突破,新的销售理念和方法手段正在被不断地引进翡翠行业,形成了翡翠商贸的新的业态,这将极大地推动翡翠产业的迅速发展和企业的快速扩张。

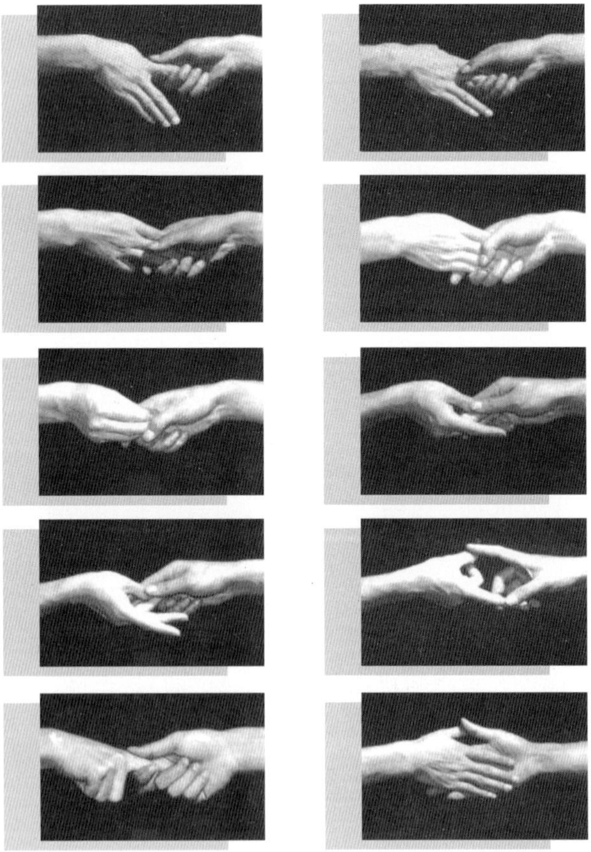

图7-6　旧时翡翠交易时的手语

这种翡翠商贸的新业态包括翡翠品牌的建设、特许经营和典当拍卖以及其他各种新的翡翠营销手段。

品牌是企业国际化的旗帜，必须高举品牌大旗，积极实施品牌战略。品牌是企业的形象，拥有自己的品牌，一个企业才拥有进入世界市场的通行证。在全球经济一体化的趋势下，一个成功的品牌往往能够使一个企业在全球范围内获得较大的盈利能力。在珠宝行业中，闪烁着不少国际大牌的名字：卡地亚、蒂凡尼、宝诗龙、宝格丽、伯爵等等。这些企业都是从小的家庭作坊开始，一步一步走向成功的。走到世界的任何地方，都可以看到这些品牌，这些品牌在珠宝界都是高端产品的代名词，代表着时尚和品位，服务于特定的人群。

在国内的珠宝行业，一些知名的翡翠品牌也在悄然崛起。如上海的"张铁军"、云南的"七彩云南"、"孟拱翡翠"和深圳的"翠中翠"等，都有各自的产品定位，大多定位于翡翠A货中高端商品，也有一些针对的是流行时尚的领域，如翡翠品牌中的"执玉手"，将翡翠与结艺相结合，推广流行饰品。这些企业都想打造中国第一的翡翠品牌，打破地域的局限，走向世界，把中华民族的翡翠文化推向世界。其中一些品牌已经赢得了中国驰名商品的称号。

品牌概念的建立，已突破了材料本身的局限，其中包括了许多文化的内涵和经营的理念及包括店铺设计、店员着装在内的一整套的营销的策划和信息、配送、退货、培训等配套服务。如北京"七彩云南"翡翠珠宝商城就打破了传统的珠宝商城概念，以丰富的文化理念、现代的装修风格、独特的卖场氛围和经营理念打造了一个博物馆概念的翡翠珠宝旗舰。同时，为能更好地为消费者提供翡翠珠宝的咨询和服务，"七彩云南"把工作在一线的营业员个个培养成可以让消费者信赖的"珠宝顾问"。据悉，6 800m^2 的北京"七彩云南"翡翠珠宝商城，不仅陈列着8万多件价值近20亿元的商品，而且专辟了翡翠文化和翡翠专业知识展览空间，用大量的实物、图片从古代玉文化、佛玉文化、儒玉文化、翡翠时尚4大部分展示我国5000年玉文化的精粹。"孟拱翡翠"则大打缅甸牌，从翡翠原产地、与佛结缘和民族风情等方面吸引消费者。

品牌建立之后，这些翡翠企业便通过特许经营的形式开始了品牌的扩张。

特许经营是指特许者将自己所拥有的商标、商号、产品、专利和专有技术、经营模式等以特许经营合同的形式授予被特许者使用，被特许者按合同规定，在特许者统一的业务模式下从事经营活动，并向特许者支付相应的费用。由于特许企业的存在形式具有连锁经营、统一形象、统一管理等基本特征，因此也称之为特许连锁。

特许经营有一个显著的特点，就是90%以上的商品都由总部集中供货，这样，特许人就可以发挥大宗采购的优势，受许人可以得到低于自己采购的低价。对于特许人来说，既可以对加盟商的供货质量进行控制，不至于因为某个加盟店质量问题影响到整个特许体系的信誉，同时也可以对加盟商的日常经营活动进行有效的控制，保证加盟商权利金的提取，是一个对双方都有利的模式。

世界上翡翠商品 90% 以上出自缅北，只有最接近货源地或者货源的公司才有可能取得供货商的地位，因而现在建立品牌的翡翠企业不是在地缘上接近产地，就是世袭的珠宝商，同产地有某种渊源。由于从世界的各个角落通向翡翠产地的路途遥远，加上货源的供应有不少人为因素的障碍，单打独斗往往购物成本高居不下，如果能在诚信的基础上建立特许经营的伙伴关系，无疑对于供货方和加盟方都是有益的。

翡翠是一种特殊的商品，特别是在产品定价上，有很多制约因素。只有克服了这个瓶颈才有可能把企业做大。“七彩云南”公司是诞生于改革开放大潮中的私营企业，企业现有员工 3 400 多人，资产近 11.5 亿元。之所以能达到目前的这种规模，与其科学规范、诚信经营的策略是密不可分的。早在昆明“七彩云南”创建时，公司就制定并实施了品牌发展战略，在翡翠珠宝专家的参与和指导下建立了科学规范的企业翡翠商业分级体系和商品定价体系，以科学规范的经营管理体系来保证企业经营的规范。而“孟拱翡翠”则承诺终身原价包换来确保价格上的可靠性。

为了帮助消费者在选购翡翠产品时能够直观、简单、正确地对翡翠价值做出一个判断，在结合翡翠原料的先天因素，以及总结前人经验的基础上，“翠中翠”把决定翡翠价值的因素分解成两个方面：即先天因素（色泽度和透明度）和后天因素（精工度和美协度）。色泽度综合了诸多颜色；透明度包含了传统的水、种、底；精工度是“三分料七分工”的说法再现；美协度强调协调即美。“翠中翠”的创新特别体现在美协度这一标准上，该公司认为翡翠产品作为商品，每一件产品都经过工匠们认真琢磨，也是艺术品，要给佩戴者以美感，所以构图合理、比例协调、主题鲜明、意义深刻也就成了美协度的要义。

4 个方面共有 16 个细分标准，每个标准又分为 5 个等级，分别为 5、4、3、2、1 分，一块翡翠的各项指标得分相乘，其换算公式为“色泽度 × 透明度 × 精工度 × 美协度”，最高分值可达 10 000 分，由此推出了翡翠的万分标准。

第八章　翡翠文化

第一节　世界翡翠文化的历史

中国人对翡翠有着传统的爱好。在远古的时候,“翡翠”指的是一种在东南亚一带常见的鸟。这种鸟栖息于清泉、小溪边,雄赤雌翠,羽毛的色泽艳丽,异彩纷呈,深受东方民族的喜爱。古人常以翡翠鸟的羽毛作饰物。古代的翠羽饰品,叫做点翠工艺,用于装饰人体或其他物体,到清代还出现了珍珠和鸟羽制作的珠翠。除了“翡翠”一词外,在中国古代的文明中,还出现过“翡翠珠玑”、“翡翠火齐”、“翡翠玫瑰”、“翡翠笔床”、“点翠”(图8-1)、“明珠翡翠”、“翠玉”等,中国地质学会首任会长章鸿钊先生,以罗振玉的收藏品中可能属周代翡翠器的翡翠刀柄为例,引证日本与朝鲜所出土的石器时代的翡翠勾玉,最后得出结论认为,翡翠在中国的应用历史很可能早至汉代以前。王春云博士运用历史的、训诂的、矿物学的和考古学的方法进行了重新诠释,认为这些翡翠概念都只能理解为翡翠鸟类或者翡翠羽毛类,而不是此前学者们所普遍认为的应该是翡翠玉类,并且推论翡翠在中国的应用可能是在元代之前。

图8-1　点翠发簪

而在世界文明史上，翡翠的应用并不仅仅局限于中国。早在哥伦布1492年的西印度航程及随后西班牙人殖民时代到来之前，中部美洲的土著印第安人——当时美洲大陆的主人，就已经开发和应用翡翠这种明亮绿色的玉石了。中美洲印第安人用翡翠建立了一个几乎与中国古代的玉文化相媲美的同样高度发达的翡翠文化（图8－2）。

图8－2　危地马拉特有的蓝翡翠

1927年在中美洲洪都拉斯玛雅神庙中发现了一具水晶头颅（图8－3）。这个水晶头颅是在非常了解人体骨骼构造和光学原理的基础上雕刻成的。该头颅雕刻工艺水平极高，隐藏在基底的棱镜和眼窝里用手工琢磨的透镜片组合在一起，发出眩目的亮光。这足以证明玛雅人琢玉技术的高超。

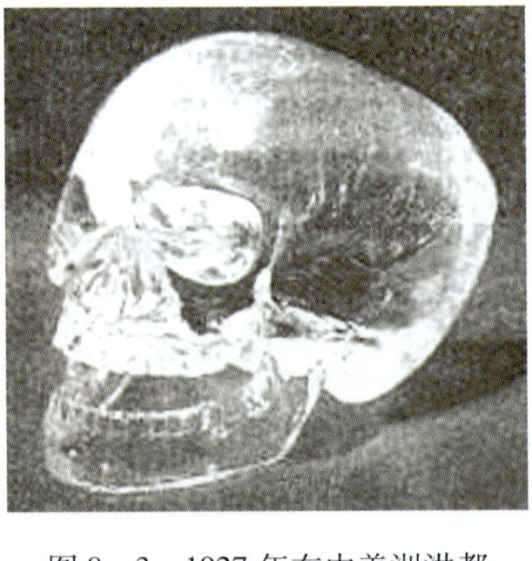

图8－3　1927年在中美洲洪都拉斯玛雅神庙中发现的水晶

玛雅人还喜欢用翡翠玉做各种珍贵的礼器、宗教用具和装饰品，是奥尔梅克文明的一大特色。在玛雅文化的出土文物中，发现了很多扁圆形的翡翠制品。玉雕中最常见的是一个带有美洲虎头部特征的神像，美洲虎是当地最凶猛的动物，被奥尔梅克人视为世界的主宰。

据《纽约时报》2005 年 11 月 17 日报道，1000 多年以前，玛雅遗址坎昆（图 8－4）曾经因繁荣的翡翠玉石贸易成为一个非常富庶的王国。

图 8－4　玛雅遗址坎昆

美国范德比斯特大学考古学家德默里斯特发现，危地马拉曾经有过一个高度文明的城市国家，名叫“彼特巴特”，于是他决定立即前往当地发掘线索。德默里斯特在进一步研究了当年嫁到“彼特巴特”的“坎库沃”公主所带的工艺品之后断定，“坎库沃”的文明远在危地马拉其他玛雅文明之上。当德默里斯特一行走在一处被过去考古学家一直视为再平常不过的丛林古代遗迹时，他突然一脚踏空，跌入一个窟隆里，这一跌不要紧，考古小组随后发现他们居然是站在一幢足足有三层高的超大型建筑上，这就是“坎库沃”所在地。

让发现者感到目瞪口呆的是，这座城市的居民几乎全是相当富裕的中产阶级，城市里遍布专门生产用于贸易的精品作坊。最能证明该城市居民富裕程度的是遗址上随处可见的翡翠。在其中一座坟墓里，考古学家在一具女性的尸骨边就发现十枚翡翠牙齿；在一个作坊内，居然发现了整整 33 磅的翡翠；最让考古学家们震惊的是，他们还发现了大量极薄的金叶，这些金光闪闪的东西是玛雅人用于制作镜子用的。

有越来越多的考古资料表明，中美洲的土著印地安人早在 3000 多年前，就已经掌握了高超的琢玉技术(图8－5),曾经创造了非常灿烂的翡翠文化,而且,这种文化与中国古代的文明可能存在着某种渊源。

图8－5　羽蛇头雕像

在日本及欧洲,历史上也有过翡翠文化的记载。日本人与其他的东方民族一样也喜爱玉和翡翠。日本从石器时代(距今3000年)开始就以翡翠制作了勾玉、枣玉与管玉等仪礼用玉。这种传统经过绳文时代(距今2500年)到古坟时代(距今2000年),一直延续到弥生时代(距今1800年),直到近代的奈良时代,翡翠文化才稍衰落。但延至现代,日本的翡翠文化依赖其强劲的国力和发达的工业科技而得到再度兴盛,成为环太平洋翡翠文化圈中的一个大国。

日本的新泻县翡翠业曾经非常兴盛,制作了大量勾玉、枣玉与管玉,形成了著名的翡翠加工地,因而被认为是日本翡翠文化的发祥地。为隆重纪念日本的翡翠文化史,在该县的鱼川市曾于1990年9月举办了第三届翡翠与日本文化的研讨会。

第二节　中国翡翠文化的历史

在中国,翡翠的大量应用始于清代。由于玉色与毛色有同等的视觉效果,后人借用美丽的鸟羽的称呼,把这种原本产于中国,现在归属于缅甸的美玉称为"翡翠"。现在翡翠与和田玉并驾齐驱,成了玉石的一个主要品种。从清朝乾隆开始,数代皇帝、后妃均对翡翠特别钟爱。清代皇室及官员以收藏翡翠的丰俭来衡量财势,翡翠被称为"皇家玉"、"帝王玉",其地位凌驾于各种宝石之上。其他的古老玉种，诸如陕西蓝田玉、河南独山玉、辽宁岫岩玉等都被赶入了普通的玉石行列。

虽然翡翠在中国的广泛应用只有几百年的历史，但中国玉文化的历史源远流长，所以翡翠文化深深地植根于中国传统与文化的沃土之中，翡翠文化为中国玉文化的发展写下了光辉灿烂的篇章。为将翡翠文化进一步发扬光大，我们应该对中国的玉文化有一定的了解。

我国早在1万年前的新石器时代已经出现了玉的零星的应用，如在距今1.2万年的海城仙人洞遗址中出土的绿色蛇纹石器就是其中最好的例子。而在与红山文化和良渚文化相近的新石器时代，西域人已经在用和田玉了。到了距今6500～4000年，我国古代历史进入文明社会的前夕。在这一阶段当中，我国史前玉器获得了长足的发展，取得了惊人的成就。中国各地的先民就地取材，采集自己居住地区的美石，如蛇纹石、阳起石、石英石、绿松石和玛瑙等磨制成器。但其他地区所用材料较杂，南方和北方的部落甚至用砂石和页岩等磨制彩石器。中国古人经过8000年到9000年的选择，才找寻到最理想的琢玉材料——和田玉，从彩石时代进入玉器时代。中国古代的先哲把玉石人格化、道德化，认为玉石是天地间一切美好事物的象征，他们通过玉，在天地和人之间架起了一座桥梁。据对象形文字“玉”的考证，认为玉本身就是一条美玉串起来的玉项链，三横代表了天、地、人，一条竖线连接了这三者，王代表了王者，“玉”中的一点代表了权力，因而玉就成了权力的象征，有了玉，王权威震四方，才有了“国”的概念。因而，在中国玉的概念是根深蒂固的，无论在过去还是今天，玉石成了天地间一切事物坚贞、高尚、纯洁和美好的象征，人们将其人格化、道德化、使玉成为特殊的艺术品加以欣赏。中国人的玉德观根深蒂固，千百年来有许多精彩和形象的论述，如“君子比德于玉”、“言念君子，温润如玉”、“有女如玉”、“彼其君子，美如玉”等等，这些言词和观念，一直不同程度地影响着后人赏玉时的思维。

当年孔子那位做买卖的学生子贡问老师：为什么大家都以玉为贵？而像玉一样的石头，大家都认为十分廉贱？是不是玉少而石头多？如上所述，孔子明确地回答说不是。然后列举了玉的“仁、知、义、礼、乐、忠、信、天、地、德、道”11种品质。孔子说：“夫昔者，君子比德于玉焉。温润而泽，仁也；缜密以栗，知也；廉而不刿，义也；垂之如队，礼也；叩之其声清越以长，其终诎然，乐也；瑕不掩瑜，瑜不掩瑕，忠也；孚尹旁达，信也；气如长虹，天也；精神见于山川，地也；圭璋特达，德也；天下莫不贵者，道也……”这句话的意思大致是说，一直以来先哲们总是把玉比作美德：它的亮丽和光辉代表了仁爱；它的致密和硬度代表了才智，它的棱角尽管锋利但不伤人代表了正义；垂挂着的时候，如同下坠的样子，这代表了君子的谦下恭谨，有礼有度；敲击时它发出的清脆悠长的声音代表了音乐；它的美好不掩盖丑陋,这代表了忠诚;它的玉色通明代表了诚信;它的闪亮代表了天;它的美妙物质生于山川代表了地;圭璋特达代表了德才卓绝;整个世界都把它视为贵重品,这代表了宇宙的规律。孔子的这一番话,是将玉的各种特性与人的品德联系起来,将物质之美升华为精神之美,从人文的角度,来感悟玉之美,非常系统,非常精辟,他的这一玉德说,至今对我们品玉、识玉仍具有重要意义。

翡翠,属辉石类,主要成分为硅酸钠铝,硬度和密度都比软玉高,硬度6.75~7.00,相对密度3.34。用古人对玉的评判标准来看翡翠,我们不难发现,翡翠的各种物理特征与和田玉相比,更符合玉的标准,如玻璃种起荧的翡翠,温润程度绝不亚于和田玉,从颜色来说,无论是翠绿的还是紫罗兰色,都非常艳丽可人。由于翡翠同和田玉一样也具有交织结构,因而同样也折而不挠、廉而不刿,韧性极好,雕琢性能极佳。因而,孔子的玉德说,同样也适用于翡翠。明清以后,在皇家的极力推崇下,翡翠作为中华文明的载体,在皇室和民间都得到了广泛的应用。

俗话说,玉养人,人养玉,也许正是因为玉的坚韧、温润、柔美的特质,培养了东方民族内敛、以柔克刚的特殊性格。同时也是由于我们祖先创建的高度古代文明,赋予了玉各种美好、吉祥的含义,特别是孔子的玉的11德以及后来许慎的玉德说,都与中国人的传统美德联系起来,形成了儒家所推崇的价值观。这种文化的精神激励着一代又一代的中国人,为建设美好家园,奋力开拓、进取。自从明清翡翠在中国广泛流行以来,这种精神又通过翡翠得以传承。

翡翠文化对翡翠的商贸有着深刻的影响。当年英国人占领了缅甸,由于没有玉文化的底蕴,对眼皮底下垂手可及的翡翠没有引起足够的重视。当然在兵荒马乱之中,也许面包牛奶比那些可赏玩、无法果腹的翡翠来得更为重要。但在太平盛世,珠宝作为一种财富的象征,由于它特有的保值功能以及满足人们精神需求的特殊商品,市场走向总是呈上升趋势的,而珠宝要为更多的人所接受,要靠文化去赢得市场、赢得消费者。

第三节　翡翠文化中的吉祥图案

与上古玉器不同的是,现代翡翠玉器的实用性很强,大量用于家庭摆设和佩戴。不少吉祥图案至今仍受到民间广泛的欢迎。如福禄寿(葫芦、蝙蝠、兽)、鸳鸯、鲤鱼、年年有鱼(鲶鱼)、龙凤呈祥、松竹梅、玉钱玉扣、十二生肖等等,此外,还有各种各样的吉祥纹饰(图8-6)、吉祥文字、吉祥符号、吉祥神、吉祥组合图像,不胜枚举,都可以融入翡翠文化之中。“五福临门、福禄寿喜、步步高升、大展宏图、花开富贵、万象更新……”等中华文字的经典用语皆可由能工巧匠用翡翠雕琢成项链、戒指、挂件等来装扮自己，显示美丽和富贵。人们戴翡翠制成的神像等件，来达到精神上的寄托，用翡翠做成的摆件工艺品镇宅、辟邪、欣赏及收藏。

图 8-6　翡翠吉祥纹玉结，1997 年
佳士得春拍 530 万港币成交

在翡翠雕件的吉祥图案中比较典型的有：八宝纹、吉庆有余纹、百事如意纹、和合如意纹、天仙捧寿纹、一路平安纹、竹报平安纹、三阳开泰纹、金玉满堂纹、瓜爬绵绵纹、福寿长庆纹、太平有象纹、福贵耄耋纹、白头福贵纹、十全纹、五福捧寿纹、五伦图、五客图、五瑞图、五子登科图、五凤图、宜男多子纹、三多纹、云龙捧寿纹、鸾凤和鸣纹、花好月圆纹、灯笼纹、松鹤延年纹、狮子滚绣球纹、岁寒三友纹、锦上添花纹、兰桂齐芳纹、龟鹤齐龄纹、麒麟送子纹、连生贵子纹、四喜人纹、万字纹等。

常用图案素材及代表的含义还有：牡丹——富贵，石榴——多子，桃子——长寿，松柏——常青，鸳鸯——爱情，喜鹊——喜庆，瑞鹿——禄位，蝙蝠——幸福，鱼——福足，鹌鹑——平安，鸾凤——美丽盛繁，绶带鸟——长寿，戟——吉利，磬——吉庆，瓶——平安，荷花——纯洁清高，桂花——富贵，竹——志节，菊花——傲骨，兰花——节操，盘长——通明，灵芝——福寿如意，佛手——福，扇——善，葡萄——连绵不断轮回永生，柿——事，水仙——仙，桔——吉，海棠——玉棠富贵，芙蓉——荣华，枇杷——吉祥等。

下面介绍几例吉祥图案的具体创意。

1. 福至心灵如意双全（图 8－7）。这款翡翠雕件名为“福至心灵如意双全”。翡翠中心雕有一生动的蝙蝠（因“蝠”与“福”同音），意为福至心灵，另下方雕有如意搭配两个古钱（因“钱”与“全”谐音），象征着如意双全。

该雕件用水坑玻璃地翡翠三彩玉雕成，色柔鲜明，质细、种润、晶莹剔透，水头饱满，品相讨人喜欢。

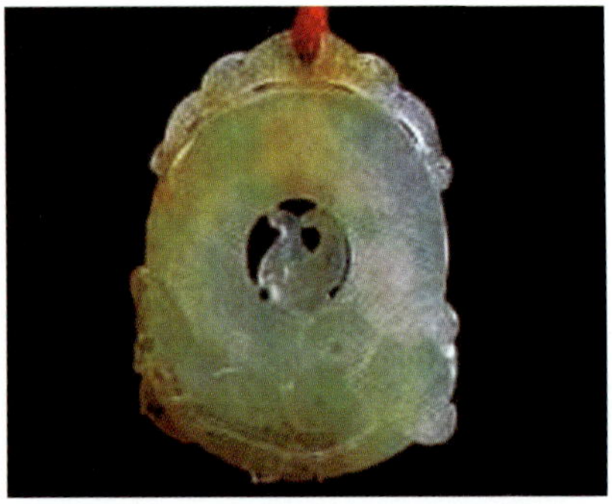

图 8－7　福至心灵如意双全

2. 富贵乾坤连中三元（图 8－8）。葫芦象征富贵，葫芦内可装之物无奇不有，象征着乾坤之大，无所不容，意味着富贵乾坤。另雕有三只猿猴（因“猿”与“元”同音），故这里用“三猿”喻三元。三元是明代以廷试前三名为三元，即状元、榜眼、探花，意为三元及第。

此雕件用料与图 8－7 同，种质细腻温润，剔透有水，红翡绿翠，双色分明，利用俏色俏雕的工艺手法，使作品生动、讨喜，为珍藏之玉中极品。

图 8－8　富贵乾坤连中三元

3. 圆满和谐年年发财(8－9)。外形为圆,寓意圆满,中间雕有一对鸳鸯象征和谐,故寓意圆满和谐。又其外形似古钱,且雕有莲花(因“莲”与“年”谐音),可谓之年年有余。

该玉属老坑玻璃种翡翠玉,水足色艳,色彩浓艳,完美度高,材质难得,再加上工艺精湛,为早期翡翠作品,贵为稀少罕见,宜传家珍藏。

从这几例创意可见,翡翠文化是深深扎根于中华文明之中的。源远流长的中华文明为我们提供了广泛的创作题材,因而,传承和发扬古老的中华文明,在传统的基础上大胆创新,寻找创作灵感,才能使翡翠文化真正服务于翡翠商贸。

图 8－9　圆满和谐年年发财

第四节　名人与翡翠文化

几百年前翡翠这种玉石一经出现,就获得人们喜爱。翡翠继续传承发扬了中国几千年博大精深的玉文化。而翡翠时尚的兴起不能不提起引领这一潮流的两个著名女人,她们都曾在中国历史上叱咤风云。一位是统治中国长达半个世纪的清代慈禧太后,一位是曾是国民党的“第一夫人”的宋美龄。

清代慈禧太后(图 8－10)一生钟爱翡翠玉雕。她死后,大量的翡翠制品和红、蓝宝石也一同殉葬。其中有两个翡翠西瓜绿皮红瓤,黑子白丝,价值 500 万两白银。头顶的一扇荷叶,叶满绿筋,如天然一般。两棵翡翠白菜,绿叶白杆,菜心上落着一只满绿的蝈蝈,绿叶旁有两只黄色的蜜蜂,价值 1 000 万两白银。可见慈禧太后喜爱翡翠的程度，也表明这位“垂帘听政”的统治者奢华之极。

宋美龄（图 8－11）对翡翠的喜爱很有名。20 世纪 30 年代，有位北京翡翠大王买到一块翠料，翠色极佳，能工巧匠将它雕琢成一对手镯，款式新颖，玉质鲜艳，如水般剔透。上海青帮头子杜月笙以 4 万元价格买到手镯。宋美龄见到杜夫人佩戴的翡翠手镯，一见钟情，爱不释手，杜夫人只好割爱送给宋美龄。

1997 年宋美龄 100 岁生日宴会时，这位梳着传统发髻身着黑色旗袍的一代名女人出现在众多宾客和媒体面前时，人们为之一震，只见她佩戴着整套翡翠首饰：翡翠耳钉、翡翠珠链、翡翠手镯、翡翠戒指。整套翡翠首饰颜色质地均属极品，在整套翡翠饰品的装扮下，虽已是百岁老人，但仍是那样雍容华贵，仪态大方，尽显高贵气质。

中国作为一个有着五千多年玉文化史的文明古国，崇玉、礼玉、赏玉、藏玉的传统观念业已根深蒂固。翡翠玉在我国被赋予了丰富的文化内涵，它已经不仅仅是作为一种装饰品为人们所喜爱和珍藏，更是一种精神和文化的象征。随着我国国际地位的提高和国际间的文化交流，我国的传统文化越来越多地被西方国家所认识、了解和接受。

图 8－10　慈禧画像

图 8－11　晚年居美，美参院领袖向宋美龄致意

第九章　翡翠工艺

第一节　翡翠首饰的款式

一、翡翠旧饰

明清以后，翡翠玉器的制作有了重大发展，使用范围贯穿在上层人物的衣食住行之中：衣帽冠发有各种佩件、饰物；食有食盏、玉杯等；住有玉嵌壁饰、桌案饰等；车马轿也有玉饰。至于玉瓶、花薰等桌几上的陈列品及玉如意、坠子等掌中玩物，更是名目繁多，不胜枚举。这些首饰使用广泛，大量散落民间，至今大有所在，有些保存完整，仍有很好的文物价值，但也有不少已经残缺破损，需要改制，更新款式使之成为时尚首饰，创造出更高的价值。如前面提到的价值3 302万港币的高绿翡翠珠链，据传就是由朝珠改制而成。

我们现在常常见到的翡翠饰品多是以金镶嵌翡翠戒面制成的戒指、耳环、项链、手链；而清代至民国时期，常见的翡翠饰品是朝珠、翎管、扳指儿、龙钩、别子、手镯、戒指、耳坠、表杠、烟壶。

1. 朝珠(Bead Necklace worn by senior officers in Qing Dynasty)(图 9－1)。清代大臣上朝时配戴的饰物，是所有饰物中最隆重高贵的，有珍珠朝珠、珊瑚朝珠、琥珀朝珠等等，其中翡翠朝珠由 108 颗翡翠珠组成，四颗大珠称为“佛头”，下边三小串分别为 10 粒珠叫“纪念”，“纪念”连接的坠叫“坠角”，上好的翡翠朝珠多配双桃红碧玺，壮观美丽。上好的翡翠朝珠非常珍贵，完整的在故宫博物院和南京博物院等处还有收藏，国际国内市场上基本上见不到。

图 9－1　朝珠

2. 扳指儿(Thumb Ring)(图 9－2)。最早是实用性的器具，在射箭拉弓时，以扳指儿护手指。到清代扳指儿逐渐演变为纯装饰物，上到皇帝下到大臣，平时均爱戴个扳指儿，以表示不忘武功。翡翠扳指儿最为珍贵。上好的翡翠不用再施雕琢，完全以翡翠本身天然的颜色、质地、图案取胜。

3. 翎管（Feather Tube）（图 9－3）。是清代官员帽顶上用来插翎子的，翎子的不同表示官阶不同。

图 9－2　清全绿玻璃种翡翠扳指玉器

图 9－3　翎管

4. 龙钩（Dragon Hook）（图 9－4）。衣服上的带钩，和带扣一样都是束腰时系带的用具。龙钩一头雕成龙头，一头雕整只小龙，也叫“螭虎”。

5. 表杠（Watch Bar）（图 9－5）。翡翠表杠中间常镶一金扣，用来拴系怀表，下边有时还配翡翠表坠。好的翡翠表杠比怀表要珍贵许多。

图 9－4　清翡翠双龙带钩

图 9－5　表杠

6. 发簪（Hairpin）（图 10－3）。形式种类繁多，有蝴蝶、蜻蜓等动物，佛手、灵芝等各式花草，有吉祥纹饰图案，还有较为罕见的以龙为题材的簪。

7. 烟壶（Tobacco Pot）（图 9－6）。翡翠烟壶是烟壶中比较特殊的品种，上好的原料配上上好的做工是能卖大价钱的。烟壶专场拍卖中常能看到压轴儿的翡翠烟壶。

图 9-6　翡翠烟壶

8. 摆件(Big Ornament)(图 9-7)。摆件是首饰以外一个大项,可分为器皿、山子、人物、动物、植物等几大类。现在收藏的人较少。

图 9-7　红翡极品摆件——达摩渡江

9. 旧式镶嵌首饰(Old Jewelry inlaid with stone)。翡翠戒指多为素马鞍戒,其他首饰多以黄金镶嵌,与现代首饰比,金属所占比重较大,多与珍珠、碧玺相配。

二、现代翡翠首饰

1. 戒指(Ring)。戒指又叫指环,多用贵金属制成环形,戴于手指上,为一种饰物。自汉代起,出现了镶嵌宝石、玉石的金银指环。翡翠戒指出现较晚,有两类,一类是用翡翠制成环形戴于手指上的饰物,形成了一些有名的款式,如扳指、马鞍戒(图9-8)等。另一类是制成圆形、蛋圆形的戒面石(图9-9),镶嵌在K金指环上,戒面石有蛋形、马鞍形、长方形、橄榄型、马眼形等,这类翡翠戒面石与金银细工的花丝工艺相结合,或者与钻石相配合,形成了众多的款式,是现代翡翠戒指款式的主流。

图9-8　翡翠马鞍戒

图9-9　蛋圆面和珠形戒面

2. 手镯(Bangle)。古代称为"钏",是用于手臂的环状饰物,镯是俗称。手镯种类很多,最常见的是圆镯,还有外圆内平的弧面扁杆手镯,比较受年轻女士的欢迎，也有一些鹅蛋形的手镯（图9－10），有时也被称作贵妃镯，也很受年轻女性的青睐。另外还有雕花、镶金的，不过要注意，无绺不做花，要注意雕花手镯的裂绺情况，另外镶金的手镯往往是断镯修复的。

翡翠手镯是玉首饰中的大件，也是销售量最大的品种，手镯内径尺寸叫圈口大小。在挑选玉镯时，一般不得过大或过小，以戴入后有一个手指的间隙为好。

图9－10　鹅蛋形的翡翠贵妃镯

3. 胸针（Brooch）。又叫胸花，是别在妇女上衣胸前的一种装饰品。原本是用绸料、呢料货丝绒制成花朵，用金属别针别在衣服上，故名。后来用金属丝制成花形图案，再镶嵌水钻、珍珠等饰物，也叫胸饰。小块高绿的翡翠与花丝工艺结合，制成琳琅满目、款式多样的胸针。胸花首饰式样源于外国，故翡翠胸针的款式、做工多为西洋风格，更适合现代人的生活，使用、收藏皆宜。

4. 挂饰（Pendant）。翡翠玉首饰中品种款式最多的一类饰品，也叫挂件、挂坠。因这类玉饰品要用绳带穿系后挂在身上，或穿系在小件物品（扇子、荷包）上，故名。在古代，玉挂饰的用途最广，形式多样，涉及人们生活的各个方面。翡翠挂饰因出现较晚，不像古玉有作为礼器的特殊用途，只是作为装饰用玉。所以，在品类上不如古玉挂饰那样丰富。最常见的品类有玉牌、玉坠、玉佩、耳坠、耳环、耳针、胸坠、玉扣等，其款式和装饰手法却十分丰富多彩，如在现在的市面上还出现了手机和MP3挂饰。

翡翠挂饰的体积一般都不大，但都是选用品质档次较高的翠料制成，所以价格不菲。

第二节　翡翠的款式设计

千百年来，在中国文化中，人们已经赋予了翡翠太多太多的含义，翡翠寄托了人们许多美好的感情，它简直就是美的化身。大凡美好的事物，大家都喜欢冠之以翡翠。

翡翠的品种是最丰富的。但从颜色讲，除红翡绿翠外，尚有青、蓝、橙、黄、黑、白等许多颜色。仅是绿色，就变幻无穷，若配之以不同的种、水，选材的范围是相当广泛的。可以说，翡翠的材质为设计提供了坚实的物质基础和广阔的想象空间，关键在于因材施艺，让不同的材料都有用武之地。遗憾的是，现在大量材质低劣、设计千篇一律的所谓翡翠饰品充斥市场，这种玉充其量只能用其矿物名硬玉称之，对真正翡翠的杀伤力很大。

传统设计是我们赖以生存的基础。能保存到今天的传统设计都是现在的消费者喜闻乐见的，如龙凤、福禄寿喜等。这些题材，不仅不应该摒弃，而且还应该在现有基础上发扬光大，通过大胆创新，赋予传统题材以新的表现形式，使之更符合现代人的审美观，扩大其市场占有率。而对完全西化的东西，则应慎之又慎。有的厂家曾设计过西洋题材的小天使安琪儿等挂件，但市场效果不甚理想。

当今世界，工业化带来的环境问题引起了人们对自然生态的格外关注。这种倾向反映在珠宝首饰设计领域，便是人们对日月星辰、花卉鸟虫等题材的浓厚兴趣。翡翠的设计也应该从大自然找到更多的创作灵感。如翡翠鸟本身就令人神往。当你在山涧溪边与翡翠鸟邂逅时，那美丽的羽毛，那婀娜的姿态，定会让你砰然心动，激发你的创作热情。

Christian Dior 首席设计师曾创作了一组极具女性韵味的翡翠珠宝“诺言”。以长春藤为主题，以通透润泽的翡翠做树叶，并以闪烁晶莹的钻石做朝露自然分散在翡翠上，仿如朝露停留在枝叶般。这款翡翠设计是从大自然寻找创新题材的范例，将人类的情感赋予常春藤和朝露，寓意深远（图 9 – 11），令人回味无穷。

图 9 – 11　翡翠常春藤

要想创造好的设计作品，就要充分挖掘出翡翠的色彩之美，同时在造型上要有所创新。下面是一对设计得相当漂亮的蝴蝶中的一个（图 9 – 12）。这对胸针之所以讨人喜欢，还在于用色恰到好处。从翡翠绿色的“正、阳、浓、和”的标准来评价，正、浓没有问题，但阳、和不足。为此，设计者采用了黄色的金属材料来衬托翡翠，一方面顺应了目前市场上黄加绿（皇家绿）的色彩时尚，另一个方面使得翠蝶看上去更为阳俏。

图9－12 翡翠蝴蝶胸针

翡翠的另一个翅膀采用大量厘钻，形成大面积的白色又拉长了整件作品的调子，这样就更加令人赏心悦目，给人美的视觉效果，使人过目不忘，回味悠长。

这对蝴蝶的身子用了红色的蓝宝石，我们知道红与绿是对比色，有强烈对比效果，给人生命的活力，但大红大绿并非流行时尚，给人俗气的感觉，所以要用得恰到好处，用上一两颗红色宝石则起到了万绿丛中一点红的点缀效果，烘托画面的气氛，使整件首饰鲜活起来。

祖母绿的绿和翡翠的绿颜色近似，色调上接近，增添了整体的和谐之美。

这两只蝴蝶的翅膀用一对半透明的绿色翡翠制成。蝴蝶的翅膀周围为18K白金，身子和触须采用的是18K金，身子的彩色宝石为斯里兰卡红色蓝宝石，触角为哥伦比亚祖母绿，与翡翠翅膀相对应的另外一只翅膀上镶嵌了大约半克拉的厘钻。

第三节 翡翠首饰的流行趋势

现代的翡翠首饰设计越来越多地与白金和钻石相结合，使翡翠首饰日趋时尚，继黄金、铂金、钻石饰品之后，翡翠正成为时下珠宝首饰消费市场的新宠。现在的翡翠引进了18K白金镶嵌同时配以时尚的钻石，打破传统以黄金为主的加工方式,因此受到越来越多年轻消费者的喜爱。从款式上来说,过去翡翠大多加工成蛋圆形、包边镶,造型比较单一;现在的设计完全突破传统,多采用流线造型,充分展现翡翠特有的个性,以简洁明了的风格吸引年轻消费者。相对而言,年轻人喜欢滴水、平安扣等造型简单、线条流畅的翡翠饰品,而中老年人更偏爱观音、寿桃、“年年有鱼”等题材的翡翠。

不同于钻石和红、蓝宝石规则的切工,翡翠的外形千变万化,彰显个性,是吸引一些崇尚个性的消费者的主要原因。不管是管状的、锥形的还是倒三角等外形各异的翡翠,在设计师的精心构思下,翡翠那独有的灵气总能和时尚完美结合。

现代的一些新的翡翠饰品,有别于传统雕工和表现形式。其特点:一是雕刻取材内容更加广泛,如鳄鱼、大嘴鸟、青蛙、海豚等,犹如古树新芽,朝气蓬勃;二是造型讲究结构比例正确,刻画精细入微,神态逼真,给人以新意;三是应用素面的光亮和亚光及点、线、小面的变化进行的表面处理所产生的质感,使作品的层次、色彩更加丰富多彩;四是在形象上多采用高浮雕或圆雕,充分利用石料的三维空间来制作。这四个特点明显区别于传统做工的作品,使雕刻艺术更上一层楼,是玉石文化中的新气象。

此外,要想把东方的翡翠大批量地打入欧美,就需要跟上欧美人的审美标准和她们自身的需求。欧洲人喜欢艳丽的颜色具个性化的镶嵌饰品,应增加黄色、蓝色、棕红色、紫罗兰色等其他颜色的翡翠,并增加镶嵌饰品的品种。

追求独特、追求个性、追求别具一格,成为近年来时尚人群对珠宝首饰的一种追崇。珠宝首饰的高级定制,是一个值得开拓的新的首饰设计领域,仅一件高级定制首饰大大增加了珠宝首饰的设计附加值,收藏增值的空间也很大。

翡翠饰品的设计一般走两条路线,一是翡翠材料稀有贵重,必然要体现其价值感,二是要时尚漂亮,要达到两者结合有难度。一些珠宝公司近期推出的“翡翠饰品定制服务”不仅把两者结合,而且更突出其个性化。

据了解,现阶段要求高级定制的主要人群仍以演艺界人士和富人居多,但不可否认的是,接受者的构成已经在发生着变化,越来越多的人已经开始“咬咬牙”为自己定制一件首饰、一件衣服……

第四节　翡翠玉器加工

中国的玉石加工,历史悠久、技艺精湛,历史上出现了一代又一代的能工巧匠,他们的功绩名垂千古。这种精湛的技艺,最早可以追溯到早商时代。公元前16~11世纪的商代,正值奴隶社会的鼎盛时期,手工业非常发达,在这种物质条件下，玉器加工迅速发展起来，无论是研磨、切削、勾线、浮雕、钻孔、抛光等，还是玉料的应用和造型创作，都达到了相当高的水平。以后在西周、春秋、战国、汉、唐、明等时代，历代都有佳作，而且各有特色，到了清朝，翡翠开始盛行，特别是乾隆时期，玉器工艺迅猛发展，是我国治玉史上空前繁荣时期。这时期玉器精雕细琢，形象逼真，大量巧作问世，刻画线条精细，磨光平滑，立体感强，花果的枝叶脉络雕刻明显，栩栩如生。镂空、半浮雕、浮雕三种雕法盛行，其中以半浮雕和浮雕为主。值得庆幸的是，这些玉雕技艺在近代历经百年的社会动乱和战争的创伤仍得以传承和发展，在20世纪30年代的北京出现过专"吃"翡翠的老字号，人称"四大聚"的聚珍斋、聚兴斋、聚宝斋和聚盛斋四大玉器号，家家都有百多位磨玉能手，而且各有各的行家里手。到了30年代后，紧跟在老一辈之后，涌现了潘秉衡、王树森等一大批著名的玉雕大师，特别是王树森，1988年被评为特级工艺大师，他在前无古人的情况下，利用玉料的天然色泽，探索创新，制造出许多绝妙的俏色作品，为现代俏色艺术奠定了基础。他创作的几件高绿翡翠玉佩，件件价值连城。在他的指导下，我国在80年代历经10年的努力，完成了旷古绝伦的稀世珍品翡翠四大国宝。这些国宝在纽约展出时，引起了轰动，有人当场表示要出两亿美元买下其中的一件。这些艺术珍品每一件都凝聚了数十位艺人许多年的心血，它们是无价之宝，应当永远由我们自己珍藏。

值得欣慰的是在改革开放的今天，又一批新人成长起来，他们中的一些人在20世纪70年代末开始学艺，经过20~30年的磨砺，现在已经炉火纯青，作品受到了世人的瞩目，成为全国玉雕艺术大师。现在在翡翠市场上，名家的作品也成了一个卖点。原本高档材料就很稀缺，现在社会上愿意动手学手艺的人也不多，能称得上名家的就更少，有人担心玉雕人才将出现断层。然而，有需求就有供应，市场需求有着强大的驱动作用，玉雕事业也一定会后继有人。无论我们将从事的是翡翠贸易还是加工，对玉器加工都应有一定的了解，这样才能使翡翠商贸的效益达到最大化。

一、选料

这是第一道工序，目的是正确合理选用玉石原料，以达到物尽其美。玉石品种多，变化大，首先必须判断玉石的种类及其质量，这主要根据质地、颜色、光泽、透明度、硬度、块度、形状等等指标来判断，从而确定做什么产品，力求优材优用，合理使用，必要时，还要进行去皮、去脏、切开等审查工艺，以"挖脏遮绺"、"量料施工"，把玉料吃透，避免或减少玉料的缺点。选料是非常重要的步骤，富有经验的艺人，凭着一双慧眼，能认清玉石的本质，选用精确，巧妙用料，使产品效果突出，引人入胜。

对翡翠的选料，要对玉表面仔细观察，如果玉质量好、翠性不明显，绺裂和瑕疵少，可依靠颜色和料的大小及形状确定选用，方形料宜于器皿造型，三角形料用于鸟造型，长条形料用于人物造型。如玉有瑕疵、绺裂，可擦去表皮或开一窗口，进行观察，以确定选用。带有一些缺点的料只要有好玉存在，都在选用之中。

翡翠原石的选用，关键在于翡翠绿色的完全使用，行话将这一作业叫做追色。

把翡翠的绿从原石中突出出来，无论是切割还是不切割，都改变了绿的位置和环境。由于条件发生了变化，有的绿取出来淡了，有的色艳了。为了促使绿向好的方面转化，要对绿和周围的地子作比较，决定是留地还是去地，使绿至少保持在处理前的浓艳水平上。

地子色泽不好的翡翠，绿好的要把绿取出来做首饰石；地子色质好绿也好，但绿明显好于地的也要把绿取出来；不够宝石级的要在制作中把绿追出来，绿上有白花和黑点的，要把白花黑点除去；丝状绿和均匀绿都可做各种产品，要根据绿的形状浓淡和分布等设计相应的产品，运用透地来烘托绿色。

不同翡翠产品的用料原则是：

1. 首饰石。颜色均匀的各色翡翠都可用来做首饰石即戒面料，绿、红、黄、紫罗兰、黑、白、蜂蜜色等，只要颜色均匀，水头好，做成首饰石都可产生不错的效果。

2. 手镯。有的翡翠绿很好，但不匀，用来做首饰石效果差，但做手镯却是上等的料（图9－13），绿漂在化地之上，色地具佳，要求地子干净，无绺。

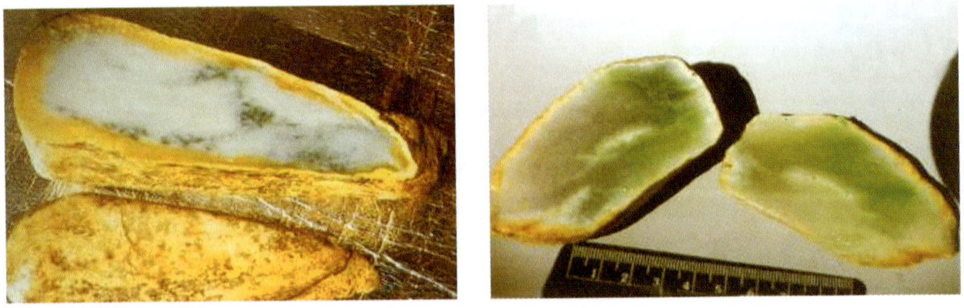

图9－13　上好的翡翠手镯料

3. 素坠、马镫。用各色优质料。

4. 珠。用料较上述的次，主要用地子色。

5. 花饰。有绿，有绺有黑点的可作花饰，用花托绿遮绺去脏。

二、设计

玉器产品不是定型产品，每件都有变化，设计工作要贯穿玉器制作的始终，设计首先是造型设计，即根据玉料特点设计造型，使造型舒适、流畅和受人喜爱，为此，必须发挥原材料的特点与造型美相结合，突出料的不同特点，如质地、光泽、颜色、透明度等。质地美，发挥玉的温润特性；颜色美，注意表现艳美题材。造型设计还要从玉材特性出发，保证工艺技术可以制作，如脆性大的料，不可太玲珑剔透，韧性大的料，可作细工工艺。

造型设计的标准，一是用料干净，即挖脏遮绺，使产品上无严重的脏和绺；二是用料合理，把玉料质最美的部分放在最显眼地位，并占用最大体积；三是量料施工，根据玉料的质色，施以最恰当的工艺；四是造型美，形象逼真、美丽、生动、情趣、主题突出，四衬平稳。

挖脏遮绺这一手法的运用贯穿于整个琢玉过程中。通过琢玉师傅的不断实践与创造，总结了不少经验，已逐步形成了一门专门的学问。这里有一个非常典型的案例：解放前北京玉器界有个叫铁百万的掌柜，有一个翠花瓶，因为有一条恶绺，价格怎么也卖不高，要是去掉这条绺，翠绿就保不住，因而有人给他出了个主意，围绕这条恶绺雕两条戏珠的长龙，以龙身遮盖恶绺。结果，这个翠瓶的价格一下就增加了百倍，很快就脱手了。

设计考虑周密后，要在玉料上画绘图形，有粗绘、细绘两道工序，粗绘是制作以前，把造型和纹样绘在玉石上（图 9－14）；细绘是作出粗坯后，把局部细致的要求绘在坯上。在制作过程中如出现变化，要随时修改设计，设计者与制作者互相配合，使玉器精益求精。

图 9－14 片料上的手绘设计图

一件完美的玉器，应是材质美和造型美的巧妙结合。有些玉料必须重点突出其颜色美，如设计制作一件弥勒佛，应尽量将翠绿安排在其肚部而不宜安排在头部；而若要将一件有红翡（红皮）的玉料加工一只鹅，就必须将翡红安排在鹅头上；又如将翡翠玉料上看来是脏的黑块雕成济公的黑扇，则不必将黑挖去，反而会使玉器价值更高。再如枯木逢春的题材，就可以将糟料与色料巧妙地用在一件作品上。

三、琢玉(图 9 – 15)

琢磨工艺一般有下列步骤:

1. 铡(Cut)。用金刚石轮(铡砣)铡去墨线以外无用的部分。

2. 錾(Chisel)。用金刚石轮根据凸凹深度进一步錾去无用部分;是对产品细部找形的过程,用形似铡砣但较小的工具去除轮廓内较小的余料。

3. 冲(Bunch)。用直径 3 ~4cm 的小圆砣(或金刚石轮),将高低不平的部分冲成玉器粗坯。

4. 磨(Grind)。用大小不同的磨砣磨出大样,如磨出鼻尖、手和飘带等。

5. 轧(Roll)。用轧砣加细,如开脸、开眉、轧出嘴、鼻、耳等;有“推搬”等动作,鼓的部分推进去,瘪的地方使之鼓出来。

6. 勾(To place decorations)。用勾砣勾出更细微的花纹,如勾出龙鳞、凤毛和人物的头发等,有勾彻、顶撞等操作。勾彻是雕刻浅浮雕的动作,意为勾出轮廓再彻下去。顶撞是雕刻深浮雕的动作,用顶针顶撞到一定的深度。

图 9 – 15 琢玉

四、抛光装潢工艺

1. 玉器抛光(Jadeware Polishing)。一般有两种方式:对光身玉器(如玉镯、玉扣、鸡心、吊胆和戒面)多用手工抛光;对观音、弥勒佛和各种花件等,则下浸机抛光。浸机抛光所需时间长,大约经过一星期左右才能完成,但一次能抛光一大批。

2. 玉器装潢(Jadeware Decoration)。装潢的目的有二:一是美化产品;二是保护产品。装潢的形式有座和匣两种,座是提高玉器身份的主要装潢;匣是放置玉器的包装品。

第五节　翡翠的工艺评价

工艺是影响翡翠价值的重要因素之一,对于一些中、低档的翡翠而言,这一因素更重要。

所谓工艺,实际上是翡翠加工的题材、成品的比例,雕刻抛光的精细等诸多因素的综合。对于首饰级的翡翠而言,工艺主要是指造型,或者说成品的比例关系及其外观美感,对价格的影响相对较低。而对于摆件或中低档的饰品而言,工艺的影响往往是至关重要的。同一件翡翠原料,加工的题材不同,加工工艺不同所产生的价格差异有时可以达到数倍至数十倍。因而设计加工者的素质是这种翡翠价值的重要保证。

要准确评估工艺对价值的影响实际上并不容易,它受到市场、时尚、潮流等社会审美观念的左右,有时还会受名人效应的影响,如一位有名气或受欢迎的玉雕大师的作品比没有名气的玉雕师傅的相似作品价格会高出许多,其价值有很大的溢价效应。

一、翡翠素身制品的工艺评价

翡翠素身制品的类型有戒面、鸡心、玉扣和手镯等类型。每一种类型的制品都有各自不同的工艺指标。

1. 戒面。翡翠戒面有蛋面、马眼、马鞍和方形戒等多种形式。在工艺上要求戒面的腰围轮廓不仅要曲线圆滑优美,上下左右对称,而且长度和宽度都要达到一定的比例要素。此外,对戒面的弧面和底面的形状也有一定的要求。弧面的高度要能够满足戒面具浑圆饱满的外观要求。即戒面的厚度与宽度之间也有一定的比例要求。此外,戒面还分双凸、平底和挖底三种形式。双凸的戒面最为饱满,平底次之,挖底则用于透明度不好的材料。翡翠戒面还有最佳大小的要求。过大不适合佩戴,过小不能充分展示翡翠美感。

2. 鸡心。也称为桃心,是吊坠的一种类型。切工要求与戒面的参数类似,见表9－1。

表9－1　翡翠戒面和鸡心的切工要求

戒面	长宽比	厚度比(厚度：宽度)	大小(长度 mm)
椭圆戒	1.2～1.4：1	0.8～0.5：1	8 ～ 4
马眼戒	1.7～2.0：1	1～0.6：1	10 ～ 14

续表 9 – 1

戒面	长宽比	厚度比(厚度 : 宽度)	大小(长度 mm)
马鞍戒	2.0 ~ 3.0 : 1	1.2 ~ 1 : 1	14 ~ 20
方戒	1.2 ~ 1.4 : 1	0.6 ~ 0.5 : 1	13 ~ 14
鸡心	0.8 ~ 1 : 1	0.2 ~ 0.3 : 1	20 ~ 25

图 9 – 16　翡翠玉扣

3. 玉扣类。包括玉扣、怀古和玉璧 3 种。玉扣和怀古相似,都是中间有圆孔的圆形片。玉扣的正面被切磨成同心的弧型(图 9 – 16)。背面是平面或者与正面一样的同心弧型面。玉璧与玉扣的不同是中间有较大的孔洞(但孔的直径小于玉璧的半径)。

玉扣类不能太厚,也不可太薄。过薄的原因都是因为不妥当的取料,本来只能切成两片的材料切成三片造成的,看上去外观不丰满,过厚则有笨重感,都是不好的切工。有关的参数和要求见表 9 – 2。

表 9 – 2　玉扣类的切工参数

种　类	厚度比(厚度 : 直径)	大小(直径 mm)
小玉扣	0.1 ~ 0.2 : 1	8 ~ 10
怀古	0.2 ~ 0.3 : 1	16 ~ 25
璧	0.2 ~ 0.4 : 1	25 ~ 35

4. 手镯 。手镯的尺寸按手镯的圈的粗细、形状和内孔大小等将翡翠手镯分为圆镯、柔姿镯、扁条镯、鹅蛋镯和童镯等类型,它们的切工参数见表 9 – 3。

表 9 – 3　翡翠手镯的切工参数

种　类	条径(mm)	圈口直径(mm)
圆镯	9 ~ 14	54 ~ 56
柔姿镯	6 ~ 8	52 ~ 54
扁条镯	8 ~ 12(宽度)	54 ~ 56
鹅蛋镯	8 ~ 10	40 ~ 45 或 52 ~ 56
童镯	6 ~ 8	35 ~ 40

对素身翡翠的切工可以从轮廓形态、对称性、比例、大小和抛光 5 个方面去评价。

轮廓形态：指轮廓曲线和弧面的形状，要求线条连续流畅，弧面圆滑，同种的弧面要连续，不能由多个面组成。

对称性：素身制品相同部分应该达到互相对称，例如弧面的腰围轮廓线必须上下和左右对称。

比例：素身翡翠的各个尺寸参数必须达到各自的要求。

大小：素身翡翠的大小也应符合相应的要求，过大过小都会影响翡翠的价值。

抛光：素身翡翠的抛光要求精细，桔皮效应要尽量少，要达到出水即玻璃光泽的程度，油脂光泽次之，蜡状光泽更次。除光泽外，用 10 倍放大镜看工件的表面沙眼特征也可判断抛光好坏。抛光很好的，沙眼极少，次为少量沙眼，再次为较多沙眼，最次为明显沙眼。

二、翡翠雕花制品的工艺评价

翡翠雕花制品种类很多，主要有人物、花卉、器皿、鸟兽等，而且尺寸大小差别也很大，但按使用方式可大致分为挂件和摆件两大类。有时其他首饰如手镯、戒面、玉扣等也可能雕花，刻上螺旋纹等。但对翠绿的戒面手镯材料雕花，经常是不得已而为之，如材料有表面瑕疵、脏点等，为掩盖这些材料的缺陷而施艺，故在业内有无绺不雕花之说，对此评价时要特别注意。

图 9－17　欢喜人生如意

1. 评价要点。对翡翠雕花制品的工艺评价，应注意以下几点：

（1）用料是否干净：即制品上有无可见的瑕疵，如杂色、绺裂等，好的用料要把玉器上这些缺陷通过挖空、做花等加以掩盖。

(2)该件制品是否物尽其用也就是说它的颜色是否使用恰当，质地的配合是否完美，或者说玉器的题材、工艺有没有最大限度地把玉材的美表达出来。玉器行业把挖掘玉色美叫追色，追色完善就能显示出色彩的美感。追色就是要用最能体现颜色的造型，把最好的颜色突出，起到画龙点睛的作用。

(3)俏色的利用是否恰当。对本来与主体颜色不一致的脏色加以巧妙利用，使之成为玉器中不可缺少的组成部分，形态自然又别开生面。但不能牵强附会，与整体造型不溶为一体。

(4)造型是否优美。要求形象清晰、美丽、逼真、生动，并有情趣，同时还要主题突出，有创意，造型平稳自然。整体构图布局合理，线条及比例要完美和谐，章法要有疏有密、层次分明、对一些不能给人以美感的玉石自然形体要注意破形。

(5)做工是否精细。玉器的线条，弧面、平面是否流畅，不呆滞、无断线、抛光是否精细到位，光泽是否达到温润出水的地步。玉件表面要光亮滋润平展，大小地方均匀一致，造型不走样，过蜡均匀，表面无绿粉和其他脏物。

2. 等级划分。根据上述注意事项，我们可以把花件的品质进行如下分级。

(1)优等。有明显的绿色或紫色、红色，颜色分布较明显，质地细腻，雕工好，无明显瑕疵。

(2)中等。有少量的颜色(50%以下)，颜色分布较明显，质地较粗，可见明显翠性，雕工尚可，有少量瑕疵。

(3)一般。无明显可见的根色，质地较粗，雕工粗或一般，水头差，见明显瑕疵。

第十章　精品赏析

第一节　翡翠的美学鉴赏

翡翠美是继承了自古以来玉所表现的各种美，归结起来，无外乎翡翠本身的自然（物质）美、社会美和工艺美几个方面。其中最为突出的有：

色彩美：世界上任何宝玉石的绿，都没有像翡翠的绿那么艳丽、丰富，给人以生命活力，似如活的生命，碧绿清澄生机盎然。而且世界上没有一种玉像翡翠这样丰富多彩，赤、橙、黄、绿、青、蓝、紫，各有其象征意义，如红色的热烈、蓝色的深沉、黑色的隆重、黄色的高贵、白色的纯洁等，可以对人起到各种心理调剂作用。

材质美：翡翠的石材美除了包涵所有的玉石材质美外，它的色彩丰富，水头有好有差，但都不失温润亮丽，可根据需要做出各种美丽独特的艺术品。

稀少美：稀少也产生美。由于稀少而使人们追求向往。翡翠在世界上非常稀少而且随着时间的推移愈来愈少。奇货可居，为一件好的翡翠饰品而追求奋斗。

造型美：翡翠的造型美，不但能使翡翠升值，而且还融入了几千年中华文明的文化内涵，福禄寿喜、花鸟鱼虫等来表达美好的愿望以及对未来生活的向往。造型美给以人们美好、满足、快乐。

含蓄美：世界上任何性质的宝玉石都没有像翡翠那样含蓄韵致，翡翠的含蓄表露出一种唯东方人才有的情感。翡翠内部质地致密、物理性质上韧性强、硬度高，而对外却表现出温润的光泽，非常符合中国人内敛的性格特征，它那冰莹含蓄的光泽不浮华、不轻狂、不偏执、深沉而厚重，正是中国人追求和赞美的品质。这正是中国人所喜爱的原因之一。

神秘美：翡翠的绿配上它那似透非透的水，使人看不透摸不准，给人以神秘感使人浮想联翩，憧憬未来。它代表中华文化的深邃。

以上几种美的结合，创造出具有艺术价值的翡翠艺术品。翡翠美的核心是追求一种精神的质量，物质的升华。它是一门复杂的综合艺术。

戴铸明提出，专业化的翡翠的欣赏，要从玉器的品质、品味和品格三个方面展开观察和感悟。这三品所品的翡翠之美恰好对应上面提出的翡翠的自然美、工艺美和社会美。品质品的是翡翠本身的质，也就是翡翠的自然美，品的是玉料的颜色、透明度、质地、光泽、大小、形状等，自然条件好的翡翠，则品质高，可欣赏性强，反之则相反。

关于翡翠的工艺美，品味的主要是玉器的创作风格和图形寓意两方面的内容。创作风格主要是指玉器的设计、工艺表达形式，如某件玉器是简约的、抽象的，还是精细的、具体的；是传统的、仿古的，还是现代的、时尚的等等，从而品出端庄、精细、华丽、高雅、清淡等各种含义。

关于翡翠的社会美，是用玉比喻人的各种美德，将玉人格化，人们将对玉的品质和品味的感觉综合在一起，升华为玉的“品德”的概念，起着净化心灵、陶冶性情的作用，翡翠之美的熏陶，提升了人的品位，人们在对翡翠之美的欣赏方面心灵是相通的。玉美，人美在这里也是高度一致的，通过翡翠“品德”，产生了翡翠与人，人与人的和谐之美，从而促进了社会的进步。在这一方面，古人的“玉德”之说，无论是孔子的“十一德”还是许慎的“五德”，对我们现在的品玉，仍有很好的指导意义，本来像翡翠这样的珠宝类商品要满足的就是人们的精神需求，因而越是能满足人们精神需求的翡翠产品，它的商品价值就越高。品德，在这里也是价值的体现，品德、品级（物质和精神两方面）和价值是可以达到高度一致的。

第二节　精品赏析

1. 1995 佳士得春拍 1 212 万港元成交的翡翠玉镯（图 10－1）。在 1995 年 5 月的佳士得香港春季拍卖会上，这支晶莹通透、碧绿无瑕的翡翠玉镯引起了多位富商阔太的追逐。起叫价 700 万港币，每次举手承价的价位为 50 万港币。竞投者反应仍极为热烈，包括香港、台湾以及东南亚的多位买家竞相举手。经过多轮竞价，最后一位香港私人收藏家以 1 100 万港币投得，加上酬金为 1 212 万港币，创下了当年翡翠玉镯拍卖的最高纪录。

图 10－1　翡翠玉镯

2. 1997 佳士得春拍 1 322 万港元成交的翡翠双环钻石耳环（图 10－2）。相对于珠链手镯而言，戒指耳环的用量是较少的，但不少拍卖案例显示，戒指和耳环的价格也不菲。这对翡翠双环钻石耳环在 1997 年佳士得春季拍卖会上也成了富豪们争逐的焦点。虽然当时这对耳环估价已高达 500 万港币，但多位买家争持不下。当拍到 1 000 万港币以上时，仍有 4 位买家互不相让，最终还是一位电话竞投的神秘人士以 1 322 万港币投得，创下了翡翠耳环拍卖的最高纪录。

图 10－2　翡翠双环钻石耳环

这对耳环所用的翡翠具有最上乘的质地，如同一汪碧水般晶莹通透，加上各有两颗硕大的钻石相配，可以说华丽无比，精美绝伦。

3. 翡翠玉簪（图 10－3）。1996 年春季佳士得拍卖了一支翡翠玉簪，据信是慈禧太后曾经用过的。此簪长 20.3cm，整体造型呈龙形，龙头镶两颗红宝石作龙须，并镶上珍珠，气派不凡。据说原来是一对，另一支现藏沈阳故宫。这支玉簪的估价为 40 万到 46 万港币，最后以 310 万港币成交，是估价的 7 倍。

4. 以估价的 21 倍成交的翡翠金鱼（图 10－4）。这个翡翠金鱼小雕件长 31.6mm，宽13.5mm，在 1995 年佳士得秋拍时估价 800 到 1 000 港币，由于上了拍品目录，受到大家的喜欢，最后竟以 17 250 港币成交，是估价的 21 倍。

图 10－3　翡翠玉簪

图 10－4　翡翠金鱼

5. 玻璃种翡翠观音（图 10 – 5）。这是北京华辰拍卖会 2004 年秋拍珠宝翡翠专场的 1 471 号，尺寸：50mm × 35mm × 6mm 估价：人民币18 000 ~ 30 000元。成交价人民币19 800元。

图 10 – 5　翡翠观音

这件玻璃种飘蓝花翡翠精心雕刻成观音造像，翡翠质地细腻，全透明，宝光内敛，蓝花鲜活灵动。观音慈眉善目，衣纹流畅，端坐莲花宝座。

6. 五彩斑斓的翡翠首饰（图 10 – 6）。这一款首饰巧妙地应用了翡翠的七种色彩，展现了翡翠的色彩之美，匠心独具，构思独特。

7. 翡翠山子雕物华天宝（图 10 – 7）。满翠老坑玻璃种，配纯金底座，相映成辉。6. 8kg，18cm × 30cm。蔚长海等设计制作。阴刻、阳刻、浮雕、镂雕相结合，整体上圆润光滑，玲珑剔透，很好地体现了物华天宝的主题。

8. 翡翠山子雕——弥勒渡海（图 10 – 8）。高翠艳绿冰种翡翠山子雕——弥勒渡海，于 1996 年拍卖成交，成交价人民币 16 万元。该雕件尺寸为 130mm × 170mm × 80mm。

图 10 – 6　五彩斑斓的翡翠首饰

图 10 – 7　翡翠山子雕——物华天宝

图 10 – 8　翡翠山子雕——弥勒渡海

9. 桑蚕翠佩（图 10 – 9）。1996 年北京嘉德春季翡翠玉器拍卖会上的《桑蚕翠佩》反映了清代玉器的高超工艺。

该雕件的翠色部分巧雕成树枝、树叶和桑葚，如初夏充满生机的桑树，阳光下桑叶鲜嫩欲滴，此时正是桑叶最肥美充沛的时候，三条白蚕匍匐其上，悠然自得，蚕体已近透明，似乎已开始为吐丝做好准备，堪称巧夺天工的神品。该雕件尺寸为 4.2cm×3.7cm×2.3cm，价值人民币 148 万元。

图 10－9　桑蚕翠佩

10. 吉羊摆件（图 10－10）。羊，儒雅温和，温柔多情，自古便与中国先民朝夕相处之伙伴，深受人们喜爱，崇敬。

古代中国甲骨文中“美”字，即呈“羊”、“大”之美。《说文》云“美与善同意”，“羊者祥也”足见其时羊已成美、善象征。中国先民深信羊可给人带来上苍的关怀、恩赐，故以羊为吉祥如意神兽，并传梦中见羊乃王者之兆。

中国古代“吉祥”多被写作“吉羊”，“祥”与“羊”同音。

该作品就是以羊为美的写照。该作品 16cm×14cm，整件翡翠以镂雕、透雕等技法创作完成。

图 10－10　吉羊摆件

11. 翡翠三秋瓶(图 10 - 11)。该瓶高 39.6cm,宽 15.18cm,潘秉衡指导,王仲元设计。料重 15kg,通体白,含有绿、黄翡、藕粉色和黄皮。

作品巧用俏色黄翡设计出一条顶花带刺鲜嫩的小黄瓜和一条带刺的大黄瓜。瓶盖上盘着茎叶,挂着绿色扁豆,叶上还趴着翠绿蝈蝈,正鼓翅鸣叫。下方还有萝卜,一派丰收景象。

瓶身采用深浮雕和镂空手法,突出了黄瓜的立体感,瓶盖完全是镂空手法,使茎叶豆角显得玲珑剔透,蝈蝈活灵活现,并利用俏色增强了真实感,双耳端肩既增加了高和宽的感觉,又衬托了绿色,是一件难得的稀世之作。1960 年在日本展出时有人按标价出价 50 万元人民币,但被我方拒绝。

图 10 - 11　翡翠三秋瓶

12. 巨型翡翠花薰——含香聚瑞(图 10 - 12)。巨型翡翠花薰——含香聚瑞是翡翠四宝之一,堪称翡翠玉雕中器皿类雕件的一绝。

这一翡翠大薰取材于我国一种传统的器皿造型,由顶、盖、主身、中节、底座 5 个部分组成。大薰高 71m、宽 66m、厚 40m,重 274kg。用非常珍贵的优质翡翠原料琢成。用如此难得的料制成如此巨型的花薰,实属无与伦比的旷世之作。该花薰设计高超,雕工精细,上下左右对称、周正、合缝、秀美端庄,无论用器皿类玉雕的哪条标准来衡量都无可挑剔。

薰的主身一改以往的扁圆体态，而是以两个半圆合成一个整圆球体。这是造型设计上的一个突破，也是琢制技艺上的一个重大革新，开创了玉器史上琢制整圆造型的一个新时代。

这个花薰集圆雕、深浅浮雕、镂空雕于一体。不仅充分反映出材料质地的美，也使整个造型给人一种尽善尽美的感觉，综合体现了我国当代琢玉技艺无可比拟的高、精、尖水平。薰顶上相互呼应的一条主龙和四条小龙，与两条带翼耳龙相配，形成了一个对称的三角，看上去既和谐美观又有气势。

再从琢工上说，像这样巨型的翡翠花薰，如果琢制过厚，就会使人产生沉闷之感，如果磨得太薄，又会把珍贵的“翠绿”冲淡，大大降低了其珍贵价值。而现在这样的安排，无论是材料质地的美，还是造型的美，都取得了最佳的效果。

薰体上的龙，薰盖上的福寿有余图案，以及以浅浮雕手法在薰盖、底座各个光面上雕出的龙、凤、麟、龟、鹤代表东西南北四个方位的青龙、白虎、朱雀、玄武等纹样，都寓意着吉祥，歌颂和平，象征着兴旺发达。

这件国宝级的珍品是许多艺人心血的艺术结晶，将之定为国宝，当之无愧，在我们欣赏国宝的同时，也应当永远地记住这些设计和琢玉大师们的名字：

技术指导王树森、王仲元、高祥、董文仲。

设计：蔚长海、马庆顺。

制作：董玉庆、夏宝英、王连瑞、胡玉昆、沈淑珍、武立喜、蔚长海、王淑云。

抛光：李立明、张宝和、高振中、史永山、王永祥。

图 10 – 12　巨型翡翠花薰——含香聚瑞

第三节　价格参考

在市场供求关系的制约下，翡翠的价格一直都在上涨，中高档翡翠的价格上涨幅度更大，翡翠的价值越高上涨幅度越大。这里介绍一些价格的实例，为的是给初入道者运用市场法对翡翠估价提供一些参考价位。

1. 白地青飘翠翡翠手镯(图 10 – 13)。该手镯地子可达水豆地，有几条翠绿色带或成片浅绿色，底子干净无瑕，入眼美丽，通透性较好，已有冰地的感觉但可见豆状特征，市场估价在人民币 10 000 元左右。

图 10 – 13　白地青手镯

2. 冰种翡翠玉镯(图 10 – 14)。冰地，底子干净透明度好，整体呈浅浅的乳白色，淡丝丝状翠绿成片出现，入眼美丽，网上标价人民币45 000元，但实际市场价应高于此价。

图 10 – 14　网上标价 45 000 元人民币的翡翠手镯

3. 飘兰花种翡翠手镯(图 10－15)。此镯呈乳白色,飘兰花,底子干净达糯地,在网上以人民币 450 元成交,实际市场价应在人民币 1 000 元左右。

图 10－15　飘兰花种翡翠手镯

4. 8.5 万港币成交的翡翠手镯(图 10－16)。1997 年在香港佳士得不设底价翡翠首饰拍卖会上拍出,成交价 8.5 万港币,估计现在售价至少是当时成交价的 10 倍。

图 10－16　1997 年 8.5 万港元成交的翡翠手镯

5. 如意观音莲花座(图 10－17)。高绿老种翡翠观音,尺寸:41mm × 21mm × 5mm,1996 年拍卖成交价 8.5 万元人民币。

6. 翡翠松竹梅纹岁寒三友挂件(图 10－18)。淡黄阳绿色,玻璃地,1996 年估价 5 000 ~ 6 000 元人民币。

7. 翡翠手镯一对(图 10 – 19)。直径 70mm,厚 6mm,1996 年杭州拍卖成交价 18 000 元人民币。

图 10 – 17　如意观音莲花座

图 10 – 18　岁寒三友挂件

图 10 – 19　翡翠手镯

8. 吉祥雕件(图 10 – 20)。高翠翡翠玉雕件,尺寸:85mm × 70mm × 8mm,1996 年杭州成交价 38 万元人民币。

图 10 – 20　高翠翡翠玉雕摆件

9. 年年有余(图 10－21)。翡翠挂件,尺寸:45mm×26mm,1996 年成交价 14 000元人民币。

图 10－21　翡翠挂件年年有余

10. 翡翠摆件——普渡众生(图 10－22)。老种苹果绿,观音和谐慈祥,身前龙腾虎跃,身后鱼跃龙门,一派盎然生机。此玉很大部分可作高档翡翠戒面,尺寸:61mm×73mm×24mm,1996 年成交价 340 万元人民币。

图 10－22　翡翠摆件

11. 清代翡翠三环套(图 10－23)。老坑玻璃种,高翠满绿,翠质浓艳,可作耳环或挂坠。尺寸:38mm×18mm,成交价 60 万元人民币(1996 年)。

图 10－23　清代翡翠三环套

第十一章　消费指导

翡翠与其他高档珠宝一样，除了收藏保值之外，还有馈赠和装饰佩戴的功能等，用来作为礼品赠送亲友或定情信物，或者用于家庭装饰或自己佩戴。随着中国人逐步走向富裕，翡翠将被越来越多的人接受。在日常的翡翠销售过程中，无论是珠宝从业人员还是翡翠爱好者，都应该懂得有关翡翠选购、佩戴和保养方面的常识。当然从业人员更应该掌握这些知识，从而更好地引导消费。这里我们就有关问题作一些探讨。

第一节　翡翠选购

通过前面章节的学习，我们已经懂得如何去辨别翡翠质量的好坏，也知道了如何去评价工艺的好坏以及如何去欣赏一件翡翠珠宝饰品，已经具备了一定的鉴赏和评估基础，这些对于我们选购珠宝都是应当有所了解的知识。但在选购时仅有这些知识还不够，我们还应懂得，不同种类的翡翠制品作为在市场流通的商品，有一些本质上的区别，有的投资佩戴两相宜，而有的仅仅只有装饰的功能，对此，我们也应当略知一二，从而使我们能够更为理性地选购翡翠。

一、对翡翠艺术品与翡翠工艺品的选择

翡翠艺术品要求原料优良为主要，其次做工精细，材料设计要合理、新颖、巧妙，构思要深邃，是否琢疵剔瘾、和谐美观、层次分明、有文化内涵。最重要的是翡翠艺术品不可再造，绝无二件，个性化特征相当明显。就是材料重量内容相同，其内容上的色彩变化绝不会相同。这样，就保证了翡翠艺术品将来的升值空间。而翡翠工艺品则多为中低档翡翠材料做成，做工一般、其中也有精细作品，可大量成批生产，为普遍流行的旅游翡翠工艺品。这种产品的造型通常千篇一律，几乎是一个模子刻出来的，而且在加工工艺上往往采用机制的办法加工，从雕刻到抛光都可以用机器完成，这种产品有一定的佩戴功能，但基本没有太大的收藏价值，如果是一般的旅游纪念品，作为小礼物赠送，尚可购买，如果你的购买目的是为了投资理财，那么，这种产品基本没有意义。

二、不同年龄和性别的消费者对翡翠绿色的选择

即便同样都是质地优异的翡翠，不同的人群对不同品种的喜好是有差异的。这里以颜色为例，来看看不同年龄和性别的消费者应当如何选择翡翠。

翡翠的颜色非常丰富多彩，就翡翠的绿色而言，由于色的偏正、色调和饱和度的差异而显得千变万化。如果是年轻的女性，应当选择那些带点黄味的嫩绿色，如秧苗绿，就像春天里杨柳刚刚冒出的新芽，能给人带来一种青春的活力。而对于中年以上的妇女，就应当选择像冬青一般的祖母绿色、豆绿、墨绿色等，这种色可以给人带来一种沉稳、庄重的感觉。而作为男士珠宝，同样应该选择深沉的绿色或其他颜色，甚至黑色，因为深色可以给人一种力度感。

三、不同购买地点的选择

通常买翡翠可以到专卖店买，也可到古玩市场、典当拍卖行购买。如果自己不太懂行，又没有人作引导，买高档翡翠最好还是去专卖店买，那里的货可信度比较高。价值高的翡翠记得配上一个由经过计量认证的权威的珠宝检测机构出具的证书并索要发票，日后万一有质量问题，可以提供合法证据，这样就可买得放心。但在专卖店买，一般价格上会贵一点。如果你对翡翠颇有心得，有一定的鉴赏力，可以尝试着到古玩市场购买，那里可以讨价还价，买得好，可以以低于市场价的成本购进货真价实的翡翠。缺点是万一看走眼，可能造成重大损失。如果是有实力的买家，还可到拍卖会上举牌，夺得你心爱的拍品。通过这一渠道购进的翡翠，经过众多买家的角逐，价格得到了市场的公认，有利于投资收藏和日后转让。

人们常说“神仙难断寸玉”，由于翡翠的品质的影响因素较为复杂，目前还难以像钻石那样非常明确地进行分级，因而同一块玉或相似的玉，在不同的商店里可能在定价上有较大的差距，因此选购翡翠最好是货比三家，“多看少买”这是行家购翡翠的一项原则，多看看，多比较，也可以增长一些看货的经验，该出手时就出手，世界上难有两块同样的玉，看准了就应该大胆买进。

四、不同色彩翡翠的选购

翡翠的颜色是珠宝玉石中最为丰富的，主要的颜色有绿、红、蓝、紫等色。相对于黑白灰色组成无色彩系，人们更喜欢色彩缤纷的世界，各种不同的色彩，具有不同的性格特征和表现力，可以使人产生不同的心理反应。消费者完全可以根据自己的不同喜好来选择不同色彩的翡翠。

1. 绿色的翡翠。绿色是翡翠的主色调。世界上任何宝玉石的绿，都没有像翡翠的绿那么艳丽、丰富，给人以生命的活力，似如活的生命，碧绿清澄生机盎然。最高档次的翡翠绿色，色泽深邃，如云似苔，空而不泛，那种朦胧的美感勾人

魂魄。中国人比世界上任何其他民族都更喜欢绿色，喜欢绿色给他们带来的和谐安宁。深绿显得深沉而神秘，淡绿传递出春的气息，蓝绿给人浩渺的感觉。

2. 蓝色的翡翠。蓝色是天空、海洋的颜色，给人以开阔、遥远和高深莫测的感觉。在古代文明中，蓝色是我们的先民祭天、祈求上苍保佑时常用的色彩，因而蓝色系的珠宝如绿松石、青金石等深受古老民族的喜爱。在翡翠行中，传统上，蓝色是仅次于绿色的色彩，特别是透明度高时，由于它带给人们强烈的空间感，因而，也可以满足人们的精神需求。

3. 红色的翡翠。红色在可见光谱中光波是最长的，穿透力强。红色饱含着兴奋、热烈和冲动，可以给人带来欢快、喜庆的气氛。

4. 紫色的翡翠。紫色光最短，给人的视觉感知度也最低。自然界中，紫色出现得较少，因而显得珍贵。淡紫色给人优雅、高贵的感觉，是首饰的常用色彩。行内所说的桃春、艳桃春都是比较珍贵的颜色。

5. 其他颜色的翡翠。翡翠的颜色还有黄色和橙黄色，都属于暖色调，在中国的文化中都代表了富贵、神圣和吉祥。黑色一般只起点缀的作用，但也可以是权力和力量的代表。

第二节　翡翠佩戴和保养

一、翡翠佩戴

在佩戴翡翠饰品时应注意的几点

1. 分清场合合理佩戴翠饰。休闲装可以佩戴一件挂饰，随意中不失韵味；运动场合不适于戴手镯与翠珠项链；工作间不宜选用过长、过细的饰品。

2. 着装的颜色与翡翠饰品的搭配要合理。白色可以衬托出翡翠的艳丽，是最佳组合；淡雅服色可衬托翡翠的含蓄，是搭配的要素；色彩浓艳的服装适宜小件的翡翠精品；黑色服装会影响翡翠的颜色，最好配水头足无色或少色的翡翠。

3. 个人气质和翡翠的搭配要领。气质优雅者可以考虑佩戴整套翡翠饰品；活波可爱型的以单件饰品为最佳。

得体的中式服装佩戴传统造型的翡翠饰品，可使人产生与东方文化浑然一体的整体美。现代职业装配经典的翡翠饰品，可使人产生画龙点睛的美感及时尚与传统的和谐。以晚装出席招待会，套装的翡翠饰品使人产生韵味无穷、魅力夺目的内外相间美。

二、翡翠保养

尽管翡翠非常坚硬致密，韧性很大，但表面结构上难免有一些薄弱的环节，长期的互相碰撞摩擦有可能损害翡翠饰品表面的光洁度，因此，佩戴和收藏翡翠要注意尽量不要使之互相摩擦，不用时应当包好收好，佩戴时应小心不要跌落。有时表面看上去似无损，但实际上经过碰撞，翡翠的内部结构已经受到损坏，而生暗纹。

翡翠很忌讳油烟油腻。如果是保值的高档货，就不宜佩带着进厨房煮食。翡翠也不可接触强酸溶液，那样会破坏翡翠的结构和颜色。

翡翠的日常保养，只需要用清水清洗，去掉尘垢，再用干净柔软的布擦干即可；佩戴或脱下时最好在有沙发、地毯等安全的地方进行；佩带翡翠挂件，要注意检查红绳、项链是否结实，发现坏了要即时更换。

关于翡翠的保养，有人认为夏天出汗多的时候最好不要佩戴，他们的理由是翡翠不能接触油脂，油脂会沿翡翠的天然缝隙渗进翡翠，影响翡翠的光泽。其实人的汗液一般为弱酸性，这样的酸碱度对翡翠的结构不会产生不良影响，相反长期的佩戴久而久之会起到除垢的作用。玩玉玩玉，重在把玩。翡翠的化学性质很稳定，保养相对简单容易。“玉养人，人养玉”，翡翠越戴越美，经常佩戴翡翠就是对翡翠最好的保养。翡翠手镯经常佩戴，因常与手腕部的内关穴摩擦，还可以起到保健的作用。小的玉雕件应当经常把玩，因为手指对翡翠玉雕件的抚摸事实上起到了摩擦抛光的作用，长期把玩会使翡翠玉件越摸越亮。

对于玩件、佩件、手镯等小件类翡翠玉件，一般是采用柔软的布或羊皮经常性的擦玉、除尘，盘玉、戴玉，这样可以恢复抛光时抛去的玉石表面吸附水，让玉石的润度增加，亮光自然。同时，戴玉可使玉石的弱电磁场与人体的生物场和谐共振，使玉石从里到外都更加晶莹而润透。

对于大的摆件，由于各个加工厂家打磨抛光工艺不尽相同，表面的润度、光度也不相同，所以有些抛光工艺差的翡翠玉，经过长时间的摆放会出现“亚光”或不够亮，所以要经常清除灰尘，可以用柔软的布去擦拭和用柔软的毛刷轻轻刷掉上面的灰尘，也可以用柔软的羊皮经常擦拭。

只要你坚持盘玉，一件新购置的玉件根据质地和抛光的不同，在半年到一年后，表面光洁度都会有很大的改观，一般都会变得更加温润而有光泽。

附录 1

翡翠格言

我国珠宝业的前辈们，在长期的翡翠加工生产实践中，总结出了很多有关翡翠的经验，并以言简意赅的格言形式，描述了这些翡翠的相玉心得。记住这些格言，并能了解和体会其中深刻的内涵，将终身受益。

一、灯下不观色

其实，任何珠宝都不应当在灯下进行颜色的质量评定。而对于翡翠来说，这一点则显得尤为重要。这是因为翡翠的颜色，尤其是闪灰、闪蓝以及油青之类的翡翠颜色，在灯光下的视觉效果要比自然光线下的颜色效果好很多。因此，灯光下只能看翡翠的绺裂，看水头长短，看照映程度或其他特征。而要在自然光线下，察看和评定翡翠的绿色。色差一等，价差一倍。对于高档的翡翠来说，价差恐怕还不止一倍。例如：一粒 50 万元的翡翠戒面与一粒 100 万元的翡翠戒面，翡翠质量、样式、大小、种水、瑕疵都是一等一的，无可挑剔，二者之间的价格差别关键在于绿色上的高低。而如何认识和区分翡翠绿色的各种差别是极为重要的，至少也要见过和经历过。

二、多看少买

对于购买翡翠原石来说，“多看”是一个选择的过程；是一个进行比较的过程；也是一个积累和验证经验的过程；是“买”的前提。“少买”不是不买，而是提醒你要“看”好了再买。

三、宁买一条线，不买一大片

对于翡翠原石中的绿色形状特点来说，“一条线”带子绿与“一大片”靠皮绿是同一种绿色形状的两种表现形式，是“线”立性与“片”卧性的分别。“线”的厚度是已知的，而深度是未知的；“片”的面积是已知的，而厚度是未知的。格言的关键在于提醒人们，不要被翡翠表面上绿色的“多”与“少”所迷惑，要认清绿色“立性”与“卧性”的本质。因此，并不是真的见了有一大片绿色的翡翠也不买，而是提醒不要对绿色的厚度有过分的奢望。

四、宁买十鼓，不买一脊

“鼓”就是绿色突出明显，“脊”是在玉的突出部位才显现一点颜色。不少玉绿色只在表层,如果再行进无力,就大有消失的可能。

五、龙到处才有水

所谓“龙”其实是指翡翠中的绿色。也就是说:在通常情况下,无论在质地的粗细程度或者透明程度上,有绿色的部位与没有绿色的部位相比,地子都要好一些。当然,有时翡翠绿色和地子之间的反差表现得过于强烈时,就像下一个格言所说了。

六、狗屎地子出高绿

翡翠的地子与翡翠的绿色互为依存,关系非常密切。一般来说,绿色种水好的情况下,地子通常也不会太差,反之亦然。而格言主要提醒人们:不要忽视翡翠绿色的特殊性。虽然不是每一个“狗屎地子”都会有高档的绿色。但是“狗屎地子”中可以出现上等的绿色。

七、无绺不遮花

《礼记》云:“大圭不琢,美其质也。”事实上,高档的翡翠绿色通常也都是以“素”身的形式,来表现其自然本质的。例如旧货中的扳指、翎管之类都属于“素活”。如果雕有花纹图案,其美丽的花纹之下必有跷蹊。故而业内流传有“无绺不遮花”的说法。现代的翡翠制品中同样如此。

八、冷眼观炝绿

所谓“炝绿”乃是指一种加色的“假翡翠”,这是一种老掉牙的伎俩。时下的作假手段有“冲凉”、“洗澡”和“镀膜”等。当然任何作假或许得逞于一时,而不会永远不露马脚的。以前的格言是对行内人说的,是提醒人们要重视第一眼的感觉,不要放过任何疑点。因此,对于消费者来说,不妨也“冷眼”一点。到信誉好的商店去购买翡翠,一定要开具如假包赔的鉴定证书。

九、茴香丝放糖

是指翡翠中的丝丝绿虽然很细很少,但它的绿像糖溶入水一样散得好,均匀,使整个玉件显出漂亮的绿色。

附录 2

玉雕题材

1. 佛:佛可保佑平安,寓意有福(佛)相伴。常取材于大肚弥勒佛造型,是解脱烦恼的化身——开口便笑,笑天下可笑之人;大肚能容,容天下难容之事。

2. 龙:祥瑞的化身,与凤一起寓意成双成对或龙凤呈祥。

3. 凤:祥瑞的化身,与太阳梧桐一起寓意丹凤朝阳。

4. 羊:洋洋得意,三只羊寓意三阳开泰。

5. 菊:与松一起寓意松菊延年。

6. 磬:寓意喜庆。

7. 鹅:羲之爱鹅。王羲之是晋代书法家,从家鹅游水中悟出用笔之法,于是养成爱鹅之癖。

8. 蝉:一鸣惊人。

9. 熊:与鹰一起寓意英雄斗志。

10. 虾:弯弯顺。

11. 龟:平安龟或长寿龟。与鹤一起寓意龟鹤同寿。带角神龟即长寿龟。

12. 猪:寓意龙。汉皇子刘彘的"彘"意思是猪,也是龙。

13. 蟾:蟾与钱谐音,常见蟾口中衔铜钱,寓意富贵有钱。与桂树一起寓意蟾宫折桂。常有三脚蟾与四脚蟾之分。

14. 观音:观音慈悲普渡众生,是救苦救难的化身。

15. 仙鹤:寓意延年益寿。鹤有一品鸟之称,又寓一品当朝或高升一品。与松树一起寓意松鹤延年。与鹿和梧桐寓意鹤鹿同春。

16. 灵芝:长寿之意。

17. 如来:即如来佛,是万佛之祖。

18. 达摩:常有达摩渡江、达摩过海、达摩面壁等造型。达摩面壁九年修行,有"面壁九年成正果,风风火火渡江来"的说法。是中国禅宗的初祖。

19. 钟馗:扬善驱邪,常有钟馗捉鬼的造型。

20. 和尚:两个和尚寓意和合二仙或和合二圣。布袋和尚即弥勒佛。

21. 怪兽:与蝙蝠、铜钱、喜鹊一起寓意福禄寿喜。

22. 獾子:寓意欢欢喜喜。

23. 狮子:表示勇敢,两个狮子寓意事事如意。一大一小狮子寓意太师少师,意即位高权重。

24. 喜鹊:两只喜鹊寓意双喜,和獾子一起寓意欢喜,和豹子一起寓意报喜。喜鹊和莲在一起寓意喜得连科。

25. 财神:招财进宝之意。

26. 八仙:八仙过海各显其能,八仙庆寿。八仙是张果老、吕洞宾、韩湘子、何仙姑、李铁拐、钟离、曹国舅、蓝采和。有时用八仙所持的神物法器寓意八仙或八宝。八种法器是葫芦、扇子、鱼鼓、花篮、阴阳板、横笛、荷花、宝剑。

27. 兰花:与桂花一起寓意兰桂齐芳,即子孙优秀的意思。

28. 梅花:和喜鹊在一起寓意喜上眉梢。松竹梅一起寓意岁寒三友。

29. 驯鹿:福禄之意,与官人一起寓意加官受禄。

30 麒麟:麒麟送子,祥瑞兽,只在太平盛世出现。

31. 蝙蝠:寓意福到。五个福和寿字或寿桃,寓意五福献寿;和铜钱在一起寓意福在眼前;与日出或海浪一起寓意福如东海;与天官一起寓意天官赐福。

32. 貔貅:据说貔貅是龙王的九太子,它的主食是金银财宝,自然浑身宝气,因此深得玉皇大帝与龙王的宠爱。不过,吃多了要拉肚子。有一天,忍不住而随地便溺,惹玉皇大帝生气了,一巴掌打下去,结果打到屁股,屁眼就被封住了。从此,金银财宝只进不出。这个典故传开来之后,貔貅就被视为招财进宝的祥兽了。貔貅的习性懒懒地喜欢睡觉,每天最好把他拿起来摸一摸,玩一玩,好像要叫醒他一样,财运就会跟着来。据记载,貔貅是一种猛兽,为古代五大瑞兽之一(龙、凤、龟、麒麟、貔貅),称为招财神兽。貔貅曾为古代两种氏族的图腾,传说帮助炎、黄二帝作战有功,被赐封为“天禄兽”,即天赐福禄之意。它专为帝王守护财宝,称为“帝宝”。又因貔貅喜食猛兽邪灵,故又称“辟邪”。中国古代风水学者认为貔貅是转祸为祥的吉瑞之兽。貔貅有 26 种造型,49 个化身,其口大,腹大,无肛门,只吃不拉,象征揽八方之财,只进不出,同时可以镇宅辟邪,专为主人聚财掌权。古贤认为,命是注定的,但运程可以改变,故民间有“一摸貔貅运程旺盛,再摸貔貅财运滚滚,三摸貔貅平步青云”的美好祝愿。

33. 大象:寓意吉祥或喜象,与瓶一起寓意太平有象。

34. 鹦鹉:成双成对,美满和睦之意。

35. 寿桃:长寿祝福。

36. 鲤鱼:鲤鱼跳龙门,龙头鱼寓意高升一级,与渔翁一起寓意渔翁得利。

37. 金鱼:寓意金玉满堂。

38. 豆角:四季发财豆。

39. 葫芦:福禄之意。

40. 佛手:福寿之意。

41. 数钱:常用鼠和铜钱一起造型表示。

42. 螭龙:传说中没有角的龙,又叫螭虎。

43. 宝瓶:或花瓶,寓意平安。与鹌鹑和如意在一起寓意平安如意。与钟、铃一起寓意众生平安。

44. 百合:百合与柿子在一起寓意百事如意。

45. 雄鸡:吉祥如意,常带五只小鸡寓意五子登科或教五子。

46. 麦穗:岁岁平安。

47. 莲荷:与梅花一起寓意和和美美,和鲤鱼一起寓意年年有余,和桂花一起连生贵子,一对莲蓬寓意并蒂同心。

48. 竹子:平安竹,富贵竹。竹报平安或节节高。

49. 柿子:事事如意。

50. 星座:共 12 个星座。魔羯座(12 月 22 日—1 月 19 日)、水瓶座(1 月 20 日—2 月 18 日)、双鱼座(2 月 19 日—3 月 20 日)、牡羊座(3 月 21 日—4 月 20 日)、金牛座(4 月 21 日—5 月 20 日)、双子座(5 月 21 日—6 月 21 日)、巨蟹座(6 月 22 日—7 月 22 日)、狮子座(7 月 23 日—8 月 22 日)、处女座(8 月 23 日—9 月 22 日)、天秤座(9 月 23 月—10 月 22 日)、天蝎座(10 月 23 日—11 月 21 日)、射手座(11 月 22 日—12 月 21 日)。

51. 石榴:榴开百子,多子多福。

52. 牡丹:富贵牡丹,与瓶子一起寓意富贵平安。

53. 菱角:寓意伶俐,和葱在一起寓意聪明伶俐。

54. 鹭鸶:寓意一路平安,与莲在一起寓意一路连科。

55. 螃蟹:富甲天下,有时以甲壳虫表示。

56. 风筝:寓意青云直上或春风得意。

57. 猴子:与马一起寓意马上封侯;与印一起寓意封侯挂印;大猴背小猴寓意辈辈封侯。

58. 刘海:与铜钱或蟾一起寓意刘海戏金蟾或叫仙童献宝。

59. 红杏:寓意进士及第。

60. 蜘蛛:知足常乐。

61. 柿子:事事如意,百事大吉。

62. 鹌鹑:平安如意,和菊花、落叶一起寓意安居乐业。

63. 鳌鱼:龙头鱼身,是鲤鱼误吞龙珠而变成,寓意独占鳌头。

64. 辟邪:传说中的一种神兽,头有角,似狮,带翼。一角者为天禄,两角者为辟邪,有除邪避灾之意。

65. 花生:长生不老之意。

66. 葫芦:福禄之意。

67. 树叶:事业有成。

68. 壁虎:必得幸福。

69. 甲壳虫:富甲天下。

70. 牡丹花:富贵花,富贵牡丹。

71. 寿星老:寓意长寿。

72. 平安扣:平平安安。

73. 路路通:各路畅通。

74. 四季花:四季平安。

75. 谷钉纹:青铜器和古玉器常用的纹饰,寓意五谷丰登、生活富足。

76. 宜子孙:玉佩中常用的文字。萱草即忘忧草亦有宜子孙之意。

77. 缠枝莲:寓意富贵缠身。

78. 玉兰花:寓意玉树临风。

79. 百鸟图:寓意百鸟朝凤。

80. 洞天一品:太湖石造型,宋朝书法家米芾喜爱的一块太湖石名"洞天一品",寓意书香门第,品性高远。

81. 枯木逢春:玉石雕刻成朽木和新芽。

82. 花好月圆:牡丹花和月亮。

83. 欢天喜地:獾子和喜鹊。

84. 渔翁得利:寓意福祥吉利。

85. 麒麟献书:孔子救麒麟得天书、努力学习终成圣人。

86. 君子之交:灵芝和兰草。

87. 一品清廉:一茎莲花或一茎荷叶。

88. 苍龙教子:一大一小两条龙或鲤鱼跳龙门、龙头鱼等皆为此意。

89. 龙生九子:传说龙生九个儿子,各有所好,有好水、好火、好斗、好负重、好钱财、好巡戒、好吼、好饮食、好守护者。它们是赑屃、螭吻、蒲牢、狴犴、饕餮、蚣蝮、睚眦、狻猊、椒图。有将金吾或金猊、螭虎、貔貅列入其中的。

90. 平升三级:花瓶中插三只戟,又有吉庆有余之意。

91. 官上加官:鸡冠花上站蝈蝈或雄鸡和鸡冠花。

92. 指日高升:鹤高飞日出或官人指太阳。

93. 女娲补天:民间传说,女娲炼五色石以补苍天。

94. 后羿射日:民间传说,后羿张弓射箭,挽救众生。

95. 夸父逐日:民间传说,夸父族首领,为挽救苍生,累死在追日途中。

96. 连中三元：常用荔枝、桂圆、核桃表示连中三元，即解元、会元、状元。

97. 嫦娥奔月：传说嫦娥偷吃灵药，飞向月宫变成蟾蜍。

98. 状元及第：常以童子骑龙图表示。

99. 麻姑献寿：传说中的仙女，常用于祝贺女寿诞者。

100. 文姬归汉：塞外的荒凉，一代风流才女欲去还休那难舍难分的历史瞬间，被定格在那如泣如诉的“胡笳十八拍”的幽咽中。

101. 昭君出塞：传说王昭君是天上的仙女，来平息汉匈长年的战乱。昭君的下嫁使北方草原出现久违的太平盛世。

102. 苏武牧羊：苏武荒原牧羊 19 年，始终威武不屈、正义凛然，表现出崇高的民族气节。

103. 岁寒三友：松、竹、梅，寓意患难挚友。

104. 踏雪寻梅：雪景、梅花、人物。

105. 犀牛望月：寓意翘首企盼。

106. 仙山对弈：山野中老者对弈。

参考文献

蔡良辉. 玉石传奇. 台北:长松文化事业有限公司,1994
大成. 翡翠首饰价格考成. 北京:华龄出版社,2006
戴铸明. 翡翠鉴赏与选购. 昆明:云南科技出版社,2005
杜晓东,杜晓辉. 翡翠鉴赏. 成都:四川人民出版社,1992
李英豪. 保值翠玉. 香港:博益出版集团有限公司,1993
李贞昆. 玉王翡翠. 昆明:云南科技出版社,1996
马宝忠. 云南珠宝王国. 昆明:云南科技出版社,1998
摩太. 摩太识翠. 昆明:云南美术出版社,2006
欧阳秋眉. 翡翠鉴赏. 香港:天地图书有限公司,1993
丘志力等. 国内市场翡翠饰品的质量分级与估价. 宝石和宝石学杂志,2001(2)
万珺. 鉴识翡翠. 福州:福建美术出版社,2003
徐军. 翡翠赌石技巧. 昆明:云南科技出版社,1993
殷志强. 翡翠 - 东方美的象征. 台北:艺术图书公司,1993
余平,李家珍. 翡翠与商贸知识. 武汉:中国地质大学出版社,1993
袁心强. 翡翠宝石学. 武汉:中国地质大学出版社,2004
张竹邦. 翡翠探秘. 昆明:云南科技出版社,1993
郑永镇. 硬玉分级与价格之关系. 世界珠宝文物,1998(8)
周经纶. 云南相玉学. 台北:号角出版社,1992
周经纶. 玉石天命. 台北:号角出版社,1989